U0743009

书山有路勤为径，优质资源伴你行
注册世纪波学院会员，享精品图书增值服务

ZERO
ONE

企业大学
从0到1
800天打造企业学习力和学习场

蒋跃瑛 著

电子工業出版社
Publishing House of Electronics Industry
北京·BEIJING

图书在版编目（CIP）数据

企业大学从 0 到 1：800 天打造企业学习力和学习场 / 蒋跃瑛著 . —北京：电子工业出版社，2017.10

ISBN 978-7-121-32563-2

Ⅰ . ①企… Ⅱ . ①蒋… Ⅲ . ①企业 – 职工大学 – 研究 Ⅳ . ① G726.84

中国版本图书馆 CIP 数据核字 (2017) 第 208396 号

责任编辑：晋　晶
印　　刷：北京虎彩文化传播有限公司
装　　订：北京虎彩文化传播有限公司
出版发行：电子工业出版社
　　　　　北京市海淀区万寿路 173 信箱　邮编 100036
开　　本：720×1000　1/16　印张：14.75　字数：209 千字
版　　次：2017 年 10 月第 1 版
印　　次：2024 年 8 月第 15 次印刷
定　　价：45.00 元

凡所购买电子工业出版社图书有缺损问题，请向购买书店调换。若书店售缺，请与本社发行部联系，联系及邮购电话：(010) 88254888，88258888。

质量投诉请发邮件至 zlts@phei.com.cn，盗版侵权举报请发邮件至 dbqq@phei.com.cn。

本书咨询联系方式：(010) 88254199，sjb@phei.com.cn。

感　谢

　　谢谢我的先生一直以来的支持，他的鼓励是我最大的力量来源，是他的支持让我终于实现了作为校长去筹建一所企业大学的梦想！

　　谢谢我的创业搭档艾亦菲，她是本书每一章的第一位读者，她的鼓励和提问让我有力量继续写下去。

引　子

2014 年 12 月 17 日，我最后一次退出院长助理那间宽大明亮的办公室，所有的个人物品都已经收拾走了，办公桌、书柜、陈列柜、沙发、茶几上面一尘不染……我在"阳光穿过梦想"微信群里发出一条微信："我知道我这辈子再也坐不到这样高级的办公室了，但梦想更可贵！再见了，同学们！祝你们好运！"

18 日一早，在飞机广播要求大家关闭手机的那一刻，我在微信朋友圈里发了一条："北京，我来了！"配图是我拿在手里的登机牌！一段异地的创业之旅从此拉开，我的心情像一个过了最佳结婚年龄的姑娘开始考虑接受婚姻一样，难以描述。说来不好意思，工作 20 年后，第一次跳槽，真的没有经验。飞机上，我手里拿着上海一位好朋友送的《新经理的 90 天》，因为这本书已经买不到，他特意帮我在网上买了一本影印版的，后来证明，这本书帮了我很大的忙。

我知道，我到北京只有一个目的，用尽可能短的时间建设一所还说得过去的企业大学，前面充满未知，我不知前面什么在等着我……

自 序

　　有人说，企业大学的风头已经过了，企业大学在一些企业的作用如同鸡肋，我对这样的观点的看法就如同我们说现在需不需要科学管理一样。对中国绝大多数的企业，尤其是中小型的民营企业来讲，科学管理的时代还没有到来，企业内部无论是管理的理念还是实践都显得很粗放，但对于一些快速成长的创新型企业来说，过于强调管理的规范化无疑又没有抓住企业发展的焦点。

　　今天企业大学对企业的意义不在于有或没有，关键在于它所起到的作用是不是能帮助企业经营发展和人才发展的需求，帮助优化和传播企业文化。在移动互联网如此发达的今天，学习与发展部门知识传播的职能在快速弱化，营造企业内部更快的学习力和更有效的学习场，为优秀人才搭建展示舞台、为企业文化传承营造氛围，越来越凸显出"很硬"的需求。

　　作为从业者，我也曾在不同阶段怀疑过，培训真的有用吗？

　　而每次我的回答都是"有用"。至少我自己和团队从此项工作中获得了极大的成长。可以说，培训工作重新塑造了我。我能站在更高一点的地方看问题了，我懂得怎么做工作，怎么提升绩效，怎么带队伍，一次又一次地应对了不同阶段的挑战。

　　那么，为什么会怀疑呢？因为我们可能迭代得不够快，学习得不够快，影响的人还不够多、不够深，对企业的影响还没有从量变到质变的临界点，还有太多的人没有像我们一样从学习中收获的更多。

　　虽然曾在大型企业从事过多年的领导力培训与发展工作，但我相信在今天和未来，中国市场环境中更具有生机和创新动力的是民营企业。对民营企业好奇了很多年，各种想象，适逢得到阳光保险集团诚邀加入，稍经思考觉得于其岸上空谈，不如跳下水一起游泳，看看民营企业到底是怎么玩的！

总结800多天以来参与筹建阳光大学的经历，能给予读者的启示是，今天企业内的学习与发展不仅仅需要一些不断更新的学习技术、学习硬件，更需要的是因企业需求而变的学习方案。在移动互联网高度发达的今天，帮助组织营造无处不在的学习场，让场域的力量凝聚成对企业的认同，凝聚成对工作绩效的促动，凝聚成对企业目标达成的推手。

十几年的亲身体会告诉我，一所企业大学的建立与执行校长密切相关。2008年中国电信学院成立时，童羚院长是一位在中国电信集团内部"战功"卓著的领导，同时也是在行业颇有影响力的一位高管，她多年主持市场经营工作，有很强的市场意识，她为中国电信学院注入了用市场经营的意识看待培训工作的基因。

加入阳光保险后，我很快就感受到，张维功董事长身上浓浓地创业激情和领导魅力感召着创业团队及后来加入阳光保险的小伙伴们。阳光大学成立时，在阳光保险这样一家创业十年的金融保险公司里，传承企业创业文化和精神是我们唯一的选择。我们渴望成为企业甚至行业内先进文化和生产力的代表者。

目 录

空降

对我这个空降经理来说，压倒一切的工作重点是千方百计地快速打开局面。

离开舒适区，也许会有些不适应和不确定，少了原来的那份笃定，可同时这已经拉开一段新的学习和实践之旅。为什么不让自己走出去看看？

偶然中的必然

许多年，我都是以一个国有企业的奇葩存在的，我知道我不是这个圈子里的典型个体。我的业绩不错，晋升也不慢，但我不开心，或者叫不死心，我不知道为什么。后来已经对人才评鉴体系和工具非常熟悉的我，终于明白了症结在哪里。从潜力测评工具中学习敏锐来看，我的变革和创新需求很高，但人际处理能力又相对简单，所以才会越做越想折腾，越折腾越觉得不被理解。用我领导力顾问朋友的话来讲，我就是国有企业里最吃亏的干部。被告知这些时我有种醍醐灌顶的感觉，原来是这样！

更让我诧异的是，在国企大学从事领导力发展工作的几年中，经常有刚认识的同行和朋友问我："姜茶，你原来是从哪家企业来这个公司的？"甚至许多人认为我是从外企来国企工作的。在一家企业工作近20年，还被问到这个问题，我的专业敏感度告诉我，这叫"个人风格与组织不匹配"——我真是一朵奇葩！就相当于一个孩子长到十来岁，总觉得自己跟家里的人有说不出的怪怪的感觉，通俗点说，总觉得有种是被抱养回来的感觉。文化的真正融入是价值观认同，而我知道我没有完全被征服。

稳定的大型企业的文化比我们想象得强大，它无私地培育了许多行业精英，成就了许多人，也包括我。它的强大在于定义了唯一成功，成功就是按照自己的师傅或领导一样按部就班地晋升，同时绝大多数人从未想过自己会离开，就这样停留在漫长的等待中。在电信学院领导力中心工作的几年间，我有幸组建了领导力发展研究中心（人才评鉴中心），参与上百位高管、数千位中层的选拔评鉴工作，这项工作对每个人的影响都是至关重要的。测评和选拔工作让我比培训工作更近距离、更深入地接近了一些在我眼里身居重要岗位的领导者，许多人的优秀特质给我留下了非常深刻的印象，这是以后在民营企业工作中很难经常发现的（国有企业的人才密度实在是高啊）。那几年我对人、工作、幸福、成就有了新的认识。我看到的是与一般人看到的截然不同的方面，渐渐地，明白了要有内心的声音，要听从内心的声音。

为离开国有企业我暗暗开始做一些准备，主要是心理上的。同样是离婚，结婚后两年和 20 年干这件事付出的代价是不同的。空降更市场化的本土企业可能是个"坑"，有的人能爬出来，有的人就不好说了，对年过 40 岁的我来说就更不好说了，失败的案例比比皆是。尽管这样，当机会来时，我还是毫不犹豫地做了选择，我相信民营企业或类民营企业未来的创新空间更大，尤其是对快速发展的民营企业，对从事学习与发展的人更是有作为的空间。

理智与情感往往不是一回事，我与阳光的人力资源负责人谈妥了所有细节后，那天晚上我失眠了，真的要离开自己工作了 20 年的企业和行业没有一些不舍是不可能的，但人生注定是一段旅途，我要赶快去追上错过的风景。

直到今天，我还要为自己当时跨行业、跨体制、跨地区的这次冒险跳槽的勇气点赞，我的职业发展轨道毫无征兆地出现了一次大偏移。但这何尝不是顺应了人才流动趋势的滚滚洪流？

TIPS

对我们每个人来说，不要简单地评价一个企业是好是坏，关键要看匹配。上半场（年轻的时候）要看有没有成长的机会、好的直线领导、好的行业方向；中场时要看有没有更大的发展空间、好的商业机会；下半场要看有没有认同的文化和价值观甚至职场最终目标。

▶ 向创业者致敬

人力资源经理通知我最好早几天报到，能够赶上 2014 年年底的集团工作会。我深知组织学习与发展与战略的密切相关性，也是我了解新公司的最好机会，因此处理好上海的交接事宜后就匆忙赴北京就职。

2014 年的集团工作会是我在阳光保险参加的印象最深刻的一个会议，我好像回到了幼童时期，一切都是陌生和好奇的。我用我全部身心去感知这个企业。当时相对其他行业的增长乏力，保险行业进入了快速增长的通道，董事长提出了"大金融"、"互联网"、"终极客户"三大战略。要感谢移动互联网，让所有企业都在思考着相似的问题。我发现一个通信业国企与一家金融行业的股份制企业思考的问题和焦虑竟然如此一致，用一句话说就是"在互联网背景下的客户获取模式和业务增长模式创新的问题"。

阳光保险的发展史是一部创业史，在保险这个受政府严格监管的行业里，2004 年阳光的创业者拿到了中国第 79 张保险牌照，从零开始，由一家专业的财产保险公司，成长为一家拥有财产保险、人寿保险、信用保证保险、资产管理、医疗健康、互联网金融等多家专业子公司的综合保险集团公司。准确地说，阳光是一家市场化程度较高的股份制企业，它的管理机制比较灵活。

阳光的创业者从董事长到一般的管理人员许多来自保险大公司，他们是一群传统保险业的创新者和突破者。从最初创业的几个人到我加入时的 5 万合同制员工，7 万保险代理人，平均年复合增长率超过行业平均水平。10 年，用他们令人仰视的经营业绩诠释了一次创业之旅、用实践解读了什么是生产力大解放。在了解企业的发展史时，我非常羡慕跟随董事长和总裁创业的同龄人，这是多么值得的 10 年！向创业者致敬！

在刚入职的一个周末，我一口气看完了 10 集阳光内部的纪录片《心中的太阳》（创业者可真的别忘记拍点你开始创业的小车库，这也能激励后人），那真是震撼人心！创业之路充满艰辛，它是勇敢者选择的道路。在看纪录片的时候，我心中在想对这样一家辛苦创业十年打拼的企业来讲，我的价值是什么？企业大学的价值是什么？要怎样才不辜负这样一个企业的重托，有所作为？唯有践行创业精神表达我们对创业者的敬意！我们始终与创业精神同行！

TIPS

成立不久的市场化企业多的是实践的机会和空间，但缺少完整的流程和规范的制度。选择还在发展中的市场化企业，要正视它的不足，也要有预期。这些与创始人及创始团队的战略眼光、价值观和领导力关系很大，这些是你选择加入一家企业的重要考量点。

▶ 观望中的团队

报到的第一天，迎接我的是培训部的三位同事和刚刚招募准备筹建企业大学的四位同事（此前培训部已从独立部门调整为人力资源部下属部门），他们当中鲜有人参加过企业大学的建设和运营，但好在团队很年轻，什么都来得及。当时团队对大学筹建的重点还只是配合正在工程建设中的阳光大学。甚至原来培训部的三位同事还不知自己将会留在人力资源部，还是会去阳光大学。

听说要来一位来自国有企业的领导，对团队"惊吓"的成分更多，后来得知当时三位培训部的同事甚至都已经手中握上了其他企业或部门的入职通知书。今天我常跟国有企业的朋友们开玩笑："市场上对国有企业同学们的理解和评价甚至比想象中更差。简直就是落后生产力的具体代表！"这也让我想起当时总裁面试我时问的一个问题："有些人在国有企业工作看不惯体制内的机制和风格，但是一旦来到市场化企业也不适应。你在国有企业工作20年，你觉得你能适应阳光这样的企业吗？"是啊，我可以吗？我准备了好几年，应该可以,一定可以!

如果你空降一个部门,你会怎么与自己的下属沟通?要感谢《新经理的90天》这本书,在第一次的全体见面会上,我只是听大家介绍了企业的现状和建设筹备的一些情况,只是做了一些礼节性的发言并没有实质性的意见。之后的一周里,我跟团队中的同学逐一用同样的结构化的方式进行了谈话:

(1)你认为之前团队为筹建企业大学做了哪些有效的工作。

(2)你是怎么看待企业大学的筹建工作的。

(3)你认为大学筹建工作有哪些困难和挑战。

(4)你认为大学筹建工作有哪些机遇和优势。

(5)如果你是我,你会怎么组织筹建企业大学的工作。

这种同样结构的谈话方式让直线经理可以通过对比判断信息。所谓兼听则明,即从大家对一些工作或情况的共识程度去了解企业的实际情况。几位同事谈下来让我很快更客观地了解了企业内部的一些基础情况,并且对每个同事也有了更深的了解。

通过这次谈话,大家给了我一个好建议,就是正式成立"阳光大学筹备组"。我们马上就征得分管领导同意,正式发文明确身份,以便更好地在企业内开展各种筹建工作。在这个文件中,我们明确将所有已经到岗的8位同事全部列入企业大学筹备组,从此大家就是一条船上的了。

TIPS

"人在一起叫聚会,心在一起叫团队"。组建一个优秀团队的坚实基础是相互信任,而信任的基础是大家充分地了解,达成共识。作为团队的负责人更要充分了解每位下属的想法和需求,多倾听他们的想法,尤其是在相互不了解时。

第一次正式亮相

在我入职一个月的时候，被要求向集团董事长及高管层介绍筹建阳光大学的初步方案。这么短的时间根本来不及做特别深入的调研和论证，只能凭着简单的信息做了一个规划。当时因为我们当中许多人对企业大学根本不了解，方案只好由我跟舒书同学主要负责起草，大家再提建议和意见。

到了汇报的那一天，来了许多总裁室高管，真要感谢多年做高管培训的背景，我并不怎么紧张，我知道此刻的表现对许多高管判断大学的未来至关重要。出于尊重并体现培训行业从业者的职业范儿，当时我是站在大屏幕前汇报的。当天我们汇报的材料分为四个部分：

（1）阳光大学的定位和使命；

（2）阳光大学（筹）的建设规划工作；

（3）近期阳光大学（筹）的工作；

（4）提请领导决策事宜。

我们向领导汇报了企业大学在业界通常的分类和做法，并且通过数据分析发现在企业成立9年左右是成立企业大学的高峰期，当时阳光保险集团刚好9.5年。方案中我们根据当时阳光的组织架构，以及人才的紧缺度和重要性界定了大学的主要培养人群。在我们的规划中希望把阳光大学办成一所在行业内外有影响力的企业大学：有核心竞争力，有专业特色和文化特色；有优质的学习与发展项目、先进的学习技术和专业服务团队；与互联网企业的大学比更懂金融，与金融企业的大学比更懂互联网；软硬件综合实力较强；获得国内或国际的培训领域知名奖项和荣誉。我们阐述了对梯队培养的基本思路和规划。

近期的筹建工作主要考虑了一些业务、账务、人员现状和匹配，以及对未来三年财务预算的初步规划。我们规划了2015年在筹备企业大学正式挂牌的同时，拟开展的一些项目，主要涉及领导力、互联网、综合金融等方面，还汇报了核心资源体系库建设、成立专家委员会、人员招募、工程建设等情况。

这次汇报会中，董事长一进会议室就能感觉他的气场。听完汇报，他谈了许多自己的想法，开始比较发散，后来越说越清晰。他把阳光大学的使命简单归纳为"培养人、吸引人、凝聚人"。会后在微信中，他又将这个顺序调整为"吸引人、凝聚人、培养人"。在之后很长一段时间，我都觉得董事长当时对阳光大学的使命定位很准地抓住了企业的人力资源特点，比我们自己写的使命更满足企业的战略需求。会上其他高管发言不多，印象比较深的是有人担心我们"高大上"不接地气，服务不到业务部门。CFO担心我们会摊开一个太大的预算盘子。我想只有事实和实践能回答这些问题，并让大家放心和满意。

当时几乎是在"一团迷雾"的情况下写就的汇报两年以后来看，别有味道。规划内容中现在看越是符合组织发展常识和规律的观点，实践证明越正确；越是应景当下的一些"苟且"，就事论事的内容许多都没有能够执行或无法操作。

TIPS

时下，还陆续有许多企业正在成立自己的企业大学，筹备人员忙着四处参观学习企业大学硬件、人员配置、账务预算，急着寻找标杆。这些固然重要，但比这些更重要的是对企业发展战略与人力资源匹配的研究，盘一盘今天和未来企业人才结构和供给情况，因地制宜地编写自己的规划和目标。

▶ 企业大学之梦

今天有许多企业都想成立企业大学，成立的背景和理由不尽相同，有些是水到渠成，有些是未雨绸缪，有些是发展遭遇人才瓶颈，也有一些是为了赶上"时髦"吧。不管是哪一种理由，都与企业领导人的想法密不可分。阳光大学的建立与阳光保险集团的董事长张维功先生的战略性的眼光和筹划分不开。阳光保险集团虽然是一个成立只有 12 年的企业（2005 年成立），但想成立一所阳光人自己的大学是很早就有想法。

记得董事长在面试我时，重点跟我讲了他为什么要建设阳光金融城，阳光金融城的设计理念是什么，为什么阳光大学要选址在这里，我记得他反复地说"我们要为这里和这个企业留下些什么"！可以看出阳光金融城、阳光大学的一砖一瓦都凝聚着他的思想，凝聚着他实现梦想的激情！

2012 年 7 月，张维功董事长到哈佛大学去学习，看到了他们的教室宽敞明亮、大方得体、方便老师和同学交流，就在课余时间用手工绘制了这个教室的整体布局、桌椅结构等图纸（这些手稿在阳光大学成立后悬挂在 5.19 哈佛教室的门外的走廊上）。每次看到这些图纸的手稿，我知道它并不是一个教室图纸那么简单，我能看到这是一个企业家心中的企业大学之梦——我们要有自己培养人的高级教室，并且在这里培养出高素质的人才！

2015年7月阳光大学落成的时候，位于阳光大学二楼的5.19教室与当年董事长画中的样子几乎一模一样，这里也成为高管们经常交流学习和研讨的地方，这个教室也是从全国各地来的阳光金融城、阳光大学的同事们必到之地。它成为阳光人的一种精神寄托，是阳光保险在创业和发展路上的一个见证、一个标志！

后来阳光大学挂牌成立，他本人担任阳光大学的校长，多次亲赴阳光大学讲课，他的发言或讲课总是极具战略眼光、思维敏捷、充满激情。他也经常会把阳光大学作为与一些来宾交流的地点。他也多次跟我及同事们提出关于大学的种种设想，每次总是让我们心潮澎湃。

▶ 中午约饭

人到中年的时候可能不知不觉中有些能力会退化，比如社交能力。20多岁时跟谁都能快速熟识起来，可是现在似乎就没有那么容易了。也许是由于多年在企业内部担任一定职务，使得快速融入一个陌生人际环境的能力明显减弱（权力使人堕落啊）。这种自我觉察让我感到警惕，我知道这样显然是不行的，于是不仅花时间在自己的团队内部迅速与大家熟识起来，同时还主动争取机会多与领导和其他部门的领导和同事沟通交流，形成融洽的人际关系，为将来准确把握大学的业务需求做好准备。

当时的策略是对于其他部门的男同事和男领导，看看能不能到人家的办公室去坐坐，或者跟人家的部门约一个业务调研会。对于一些女的部门负责人和女同事，看看能不能约中午一起用餐。说实在的，确实不容易，不能显得太正式，也不能太随意，最好能自然一些。有时人家有约了或有别的事，还挺尴尬的。虽然面临挑战，但这样做成效明显。我从这样的不同沟通场景中，尤其是非正式沟通中，快速得知了企业内部许多有用的信息。有时人一旦"不要脸"地豁出去了，很多事则变得迎刃而解。这些经历让我真实地感受到对空降经理来说，非正式沟通甚至比正式沟通获得的信息更真实、更重要。

有一位部门负责人来自大型媒体，我们的午餐交流中找到了很多共鸣，交流了到民营企业工作的感受和经验，互相鼓励、互相支持，很快成为好朋友。在与其他同事的交流中，还替阳光大学解决了在筹建和发展中的困难问题，让我很有成就感。筹建期间，我们与人力资源部的办公室在一起，我特别主动约请一些人力资源部同事和领导一起吃饭，快速了解企业人力资源的现状和挑战，同时还有意想不到的收获。在与人力资源部干部发展处的处长吃饭时，跟她聊组织发展经验、测评体系和工具，并帮她做了一个 HOGAN 试测及反馈，这样一来真正聊出了共鸣和互相欣赏，成功为阳光大学"挖"到第一位中层干部。记得当时跟总裁汇报说我们准备让苏花担任阳光大学领导力中心负责人时，总裁还问我："你想让人家跟你干，人家愿意吗？"我自豪地说："谈妥了，完全自愿！"对于苏花来说，将来要去位于通州阳光金融城的阳光大学工作意味着每天上下班时间会多出一个半到两个小时，对一个幼儿园大班孩子的妈妈来说挑战可想而知。我心里想着要让同事来大学工作有收获、有成就感，不能让他们白白吃苦！只有这样才能回报他们的信任。

这一段经历，让我深深感受到一个部门负责人（尤其是正职）空降一家企业的挑战，受《新经理的 90 天》启发，我产生了要为阳光大学开发一门课程，帮助更多像我一样的空降经理成功空降。这就是后来我们的"空降经理蜜月期"这门课程。

TIPS

对空降经理来说，有四项工作最重要：一是重新梳理和认识自己，尤其是新工作的挑战；二是快速在新环境下建立自己的人际网络；三是形成自己所辖业务的业务策略，快速显现业务成效；四是体现对企业战略的支撑作用，参与全局性工作。这不仅是理论，也是无数成功空降人士的经验总结。

▶ 一次有价值的帮忙

刚加入阳光不久，时值两年一次的年底干部考察，当时人力资源部人手不够，需要访谈的干部人数有 40 ~ 50 人。人力资源部的领导知道我对干部队伍考察和访谈这些事是非常熟悉的，所以来征求我的意见，问我可不可以负责两组访谈中的一组。我正苦于无法了解这家企业的组织文化及业务运营情况，所以特别愉快地接受了这个帮忙的任务。

记得在 20 多天时间里，我们对子公司班子、重要业务部门负责人中 20 ~ 30 位领导进行访谈，访谈的主要内容包括对目前子公司班子尤其是一把手的工作评价、对目前主要战略落地情况的看法、对集团管理部门的评价等问题。在整个访谈中，我收获最大的是两点：一是对企业整体文化、组织能力、战略、业务运营等方面有了一个大体的认识；二是对目前企业发展中的一些主要特点和矛盾问题也有了基本的了解。

　　走入民营企业的内部，我能深深感受到企业的创始团队尤其是当家人对企业的影响是真实而深刻的，这里深深地印着企业创始人的管理哲学烙印，"风雨中做事，阳光下做人"是阳光保险人的风格，"永远还可以更创新一些"是阳光人的追求。企业发展得太快，甚至队伍的数量和质量还没有跟上，业务已经发展起来了。一家成立十年的企业在创业精神鼓舞下快速奔跑了十年后，创造了辉煌业绩的同时，对下一个阶段的方向和组织能力都提出前所未有的挑战。尽管没有人提"转型"这个词，但企业已随着整个行业的转型挑战进入了开始重新思考和布局未来保险业务。正是这样的历史机遇，在企业内部访谈能让人感受到先进的思想与落后的实践同时存在，大胆的设想与保守的看法在交锋，乐观的心情与焦虑的预测在对话。这些感受如此深刻，对阳光大学的建设输入了大量的背景信息。

　　当时我在写访谈总结时，列出了以下几点：

　　（1）干部对领导、对同级的评价，比较直接，不太说虚的。（这对我帮助很大，对一些领导干部还没有认识这个人，就在大家的评价中了解了大概情况及特点，我特别留意了一些大家评价中的好干部，以后要多合作。）

　　（2）大家对业绩的不足、对战略方向类问题直言不讳。

　　（3）对业务间配合、跨部门之间的合作提出了一些更高的期待。

　　（4）大家希望集团总部能少一些管控性的指挥，多一些运营性的支持。

　　这些信息的输入，对后来阳光大学如何确立自己的服务定位帮助很大。当时我就暗暗下决心，一定要以服务为主要宗旨，尽可能不"扰民"，决不要因为我们的存在给其他部门或人增加负担，要靠创造价值赢得口碑。

TIPS

　　"企业大学姓企"，最重要的输入信息应该是企业的发展战略和组织发展状况，只有立足企业的发展现状和未来目标，企业大学的发展才有自己根植的土壤。

访谈技术能快速帮助我们了解大量企业内部的信息，是对培训经理非常重要的一种工具。本书第六部分中有专门介绍。

▶ 凝聚共识

在原来的团队里待久了容易产生一种错觉，舒适区里与团队相处不错，便会潜意识地认为自己能带好各种团队，就像通过了大学一年级的英语CET4级考试，英语就永远过关了，其实，对于熟练应用英语几乎是终身需要强化和实践的。职场上除了不断修炼商业能力、管理能力，还要关注自己的领导力。

新团队中许多团队成员的工作背景和知识背景是我不了解的，怎么与他们快速建立信任，从而凝聚工作共识呢？

领导力的修炼首先是在团队中建立信任，我采用的是一个土方法，但很有效，那就是建立信任三步法——一谈心，二读书，三讲课。这真是培训行业的三件宝。

一是谈心。所谓谈心，就是跟每个人谈他的过去、现在和未来，谈我能帮助他什么，谈我为什么要来挑战建设一所新的企业大学。在这个过程中我发现许多同事身上的奇特经历和亮点，比如，漂亮的祁祁是学兽医的，古灵精怪的小尕是北大毕业的，小鑫居然当过大报记者，苏花跟我讲了在咨询公司工作时的野蛮成长，有人说在上一家知名民营企业人力资源管理黑幕，有人谈及在国外银行工作时的感受，我也跟大家介绍我的奇葩故事。这样的一些个人故事，让我对每个人的认识深刻和生动起来，距离也一下子拉近了。我向大家承诺，如果我们大家一块好好干，我能帮助大家提升专业水平，让他们更有身价。

二是读书。与大家交谈中明显发现大家读书不多，我就跟大家约定一起读几本书，用一周时间读完，然后一起分享。为了"逼"大家认真读书，我规定分享人并不事先指定而是当场抓阄决定，被抓到的人就上去讲 10 ~ 30 分钟。记得当时我们一起读了《培训革命》、《中欧神话》、《杰克·韦尔奇自传》等一些书，主要是想从知名企业大学运营模式，中欧商学院建立过程中感人的奉献和创业精神，一名著名企业家是如何看待企业发展的等不同视角帮助大家理解我们肩上的使命。虽然大家觉得这样的读书任务很有压力，但读书效果却非常好。分享《中欧神话》时，我印象最为深刻，大家忽然明白为什么建立企业大学是一件富有挑战的事，同时又是一件有意义的事，我们挤在茶水间的桌子旁，精神层面的频率开始越来越靠近了。

三是讲课。许多培训经理其实都是很封闭的，接触外部优秀培训资源的机会并不多。我抽空把一些业界的经典课程介绍给大家，比如在 IBM 转型中全员都学习的"关键时刻"和"业务领先模型"，表达类课程中的精品"驻足思考"、经典领导力课程，以及测评工具在培训发展和组织发展中的应用等，与大家一起体验了 4D 及 MBTI 等测评工具，同时邀请人力资源部的同事旁听。一时间，大家对培训产品的认识提高了一个水平，更期待将来我们也能开发和引进精品培训课和工具。（本书第六部分中有关于这些资料更加详细的介绍。）

在我入职 100 天的时候，我的办公桌上有人送了一大束百合花，特别漂亮，上面别着一张小纸条："人们记得你不是因为你有多么成功，而是因为你曾帮助多少人成功！"那是我讲给小伙伴们听的话，他们把它送给了我。我一定努力不辜负这些 85 后的送花使者。在离开舒适区的日子里，我们不仅对外部所有的刺激都变得敏感起来，同时也更需要激励，即便它只来自你的下属。

TIPS

在企业中工作，没有什么比能够带一支有激情的高绩效团队让人更有成就感了！《领越®领导力》告诉我们，成功地带领团队要能够做到以身作则、共启愿景、挑战现状、使众人行、激励人心。做到这些并不容易，但别因此放弃对成为一名优秀领导者的努力，这项使命值得你始终努力。

▶ 总裁没有签批的签报

2015 年上半年，我们一边在团队融合、筹建企业大学，一边在开展培训业务，我们希望在阳光大学正式挂牌前，在企业内部开发出好的学习产品品牌并营造出好的学习氛围，为即将成立的阳光大学打下一定的基础。

在团队凝聚了一定共识后，那种创业的小激情涌现出来了。我们打算上一些有轰动效果的培训项目，比如当时我们想搞声势浩大的"阳光大讲堂"、互联网产品的"黑马大赛"、O2O 模式的综合金融"千人培训"计划……我们信心满满地"奋笔疾书"式地写下各种项目的签报，等待一声令下便把人马拉出去大干一场，尤其是那个综合金融的 O2O 千人培训。在我们好不容易在 OA 里依次搞定了 10 多个会签意见后，只等总裁签批同意了，我迫不及待地想一展"身手"了。

在 2015 年春夏的几乎每个周末，在回家的飞机上，周围的人都在看电影或者休息，我总是拿着电脑在写个人工作小结和项目分析，查找为什么不能打动总裁的原因。我知道这一关如果过不去，意味着我对这家企业将没有多大价值。我不想把这种压力传递给团队，更不愿意传递给家人，我更想自己找到解决问题的突破口。

情急之中，我就在微信中问总裁的秘书：为什么领导总是不鼓励我们好好干培训、上项目。被我再三"逼问"之下，他说出了自己的理解："总裁担心您从大企业来，可能会不接地气！"这句话一下把正在准备"百米冲刺"的我拉了回来，对啊，市场化企业需要的是更加接地气的项目！一家企业有一家企业的现实情况和发展阶段，在别人家适合的产品不一定是咱家的"菜"，虽然我是一位培训行业的老兵了，但还真有可能被新的问题难倒。

要到哪里去找"接地气"的项目呢？就在此刻，我在办公室的过道里，听到招聘经理在埋怨有些直线经理在面试候选人时的不恰当行为：有的是迟到甚至不断改变面试时间，有的是面试时比候选人说的还多，有的甚至还与候选人发生不愉快的争执……我当即决定，我们可以开发一个小课程来帮助提升直线经理的面试水平。我们结合一些业内专业的面试方法和企业的实际情况，经过内部试讲和讨论，终于开发出了"阳光面试官"。为了让更有学习动机和需求的同学来参加学习，我们决定对总部管理人群采用自愿报名的方式来组织这次试验性培训。我们在内部的微信群里做了一个小广告，希望招到15名总部的部门负责人或处长来参加这个课程的第一期培训，没有想到的是有40人报名，这让我们尤其是产品经理小尕高兴坏了！

第一期"阳光面试官"成功举办后，我们根据一些不足马上进行了迭代和改良，紧接着就开出了第二期。为了真实有效，我们让大学的同学担任志愿者扮演候选人，让大家在六小时的课程中，两小时听课，四小时进行面试练习和点评。我们还为大家准备了带回去在真实面试中用的工具，直线经理对怎样面试一下子有了信心。

在这个小产品的开发中人力资源部招聘板块的同学们给了我们很大的支持和鼓励。我们终于找到了一点路边美食店的感觉了。后来有人告诉我，总裁在一个场合表扬了"阳光面试官"这个很贴近企业需求的培训，这对正在寻找产品方向的我们是一个极大帮助。

成功与失败的经验都会强化我们对自己产品开发思路的认知。在这之后的日子里，我们经常拿这个案例向新加入的同事介绍什么是"接地气的产品"。

TIPS

好的培训产品与其他产品一样，本质上说是因为它发现和解决了客户或用户的真实的痛点。我从来不认为培训产品有"高级"和"不高级"之分，但求有用。小白兔认为胡萝卜好吃，就用它在河边钓鱼。今天更多培训经理在追求更高级别的学习技术的同时，请别再犯小白兔的错误。

▶ 招聘小分队

"阳光大学筹备组"成立后不久，为了应对"人少事多无头绪"的状况，我先不考虑团队七八个人在以后大学的组织架构中会担任什么岗位，而是根据当前最重要的几方面工作临时分了三个小组：第一组是大学基建运营组，第二组是培训项目组，第三组是招聘小组。这个做法是2008年年初电信学院组建时，童羚院长开创的。当时我任教育（培训）小组组长，真后悔当时没有太关注其他两组的工作，在阳光大学的组建中，只能硬着头皮上。后来招聘小组及阳光大学的招聘工作给我留下了深刻的印象。

电信学院成立时，采用企业内部组织调动和市场招募相结合的方式，很快一支懂业务、会培训、熟悉上海浦东学院当地情况的30人左右的队伍就组建完成了。而在民营企业，即便阳光保险这样规模的企业，人尤其是优秀的人是永远不够用的。这也是后来在我们自己的产品打造方面愿意特别下功夫的领域，帮助企业找人、培育人、激励人、用好人。

当时的招聘小组由来自阳光内部的小鑫和与我同一天入职的舒书共同负责。我的考虑是他们两个人优势互补，一个对内部流程熟悉且非常人际导向，另一个在咨询机构研究企业大学多年知道我们的专业要求，就这样我们正式开始以阳光大学的名义对外招募成员。

我们一方面到专业人才网站上去寻找合适的人，不断筛选简历，联系候选人进行面试。另一方面一批批地在微信朋友圈发招聘广告，开始的招聘广告是比较唯美朦胧的（因为我们自己也还说不清楚），后来随着项目的开展，一些广告有了更加具体的描述和宣传，再后来随着业务更深入的开展，我们的招聘广告更像形象宣传片，开始充满自信、彰显我们的业务价值观。我们是最早开始利用易企秀等工具制作招聘广告的（就像很炫的小微课似的），就是因为广告很精美引起了许多朋友的关注，许多人都留言问广告是怎么做的。现在回想起来，招聘广告是最好的品牌宣传和培训基本技能展示。

尽管广告很精美，但当时传播还是比较困难的，因为我们的团队在整个培训圈里人脉还比较弱，而我虽然人脉广一些但大都是以上海长三角为中心的。我们无法通过朋友圈进行有效人群的传播，广告并没有为我们带来多少直接的有效报名者，开始的绝大多数面试者都是从招聘网站上筛选出来的。当时的候选人不少却鲜少有合适的，要么是我们觉得不合适，要么就是候选人不满意我们给出的薪水。

有一天一位朋友给我看他的朋友圈里有人批评阳光大学的招聘经理逻辑简单、电话沟通水平差的内容，我并没有太在意，也没有告诉招聘小组的同学们，反而鼓励招聘小分队继续做好自己的工作，努力做得更好一些，因为这项工作本来就很有挑战性。对招聘小组来说有时工作往往令人很崩溃，经过几轮面试已经跟候选人有些熟悉了，双方都希望有缘成为同事了，但最后一轮谈薪却失败了。招聘小组就在这种大量预约面试给反馈再约时间的过程中不断循环着。

当初面试时有几类人我印象特别深刻：一是逃离大企业和互联网企业的，有的是想进入民营企业但心态还没有调整好，有的是想从累死人的互联网企业到金融行业来看看；二是从一些培训机构来的年轻人，有一些专业技能不错但对企业培训工作理解太弱，还有一些听说将来要去通州工作，与目前生活状态挑战太大的。总之，我和同事们面试许多人，收获却并不大。恰在此时，我们遇到了后来在业界线上运营小有名气的"辣手摧花"小金同学。记得当时他在面试中给我展示的是一些为某大型电力国企做的中规中矩的线上课件，毫无奇特之处，但他说了一句话让我当即决定录用他："我想做点有激情的事！"这不就是我们在寻找的人吗？后来想想，一些毫无波澜的工作让那些充满创意的年轻人萌生寻找新空间新平台的想法，而我们怎么才能给这些年轻人提供永远"眼里有光"的那种工作环境，确实值得思考，这也就是后来我鼓励成立"羊圈"85后非正式小组的初衷。我们永远不能忽视我们对工作意义的假设和团队的价值观，一年后CSTD在北京培训圈里组织的TED演讲大会上，我做了主题为"创业维艰"的演讲，彰显了我们不断强调的创业文化和为企业创造价值的价值观，打动了当时还在知名外资培训公司的优秀员工 Groro，让她坚定地加入了阳光大学领导力中心。

在外部招聘受阻的情况下，同时吸引人力资源部苏花处长的例子给了我们信心，把找人的视野调整为同时关注企业内外部。一批优秀的内部同事被各种非正式渠道推荐出来，一些包括各种岗位级别的优秀阳光人正在被吸引想加入阳光大学。在他们申请离开原来岗位时都经历了很大的心理挑战，原来直线经理和同事们开出各种挽留条件，情感留人、待遇留人，有些咬牙坚持了下来，最终突破重重挑战来到阳光大学工作，好比后来负责综合教务部的"教主"张洪洁，高颜值帅哥"梁仔"。

从阳光大学筹建开始到正式挂牌的半年时间里，我们并没有完成我们自己确定的使团队变为 18 ~ 20 人的目标，这与我个人长期从事招聘工作和国企工作背景有很大关系，也与对民营企业吸引人才的方法和难度在操作方面和思想认识上不到位有很大关系。

尽管招聘的压力越来越大，我们还是不愿意放松对人的要求，队伍的素质决定着将来阳光大学的素质。直到两年以后阳光大学的招聘工作还在进行着，不同的是，现在的招聘要求已经越来越清晰，我们甚至对一些岗位加入了派出普通同事"闻味道"、实战项目策划演示的环节。

TIPS

不断提升优秀人才的密度，是一个优秀团队的自然选择。要学习谷歌提出的"只招聘比我优秀的人"的勇气。仔细观察今天的许多优秀企业，无一不是在人才招聘上有自己特别的价值主张。尽管我们热爱学习与发展工作，但始终要明白，对企业来讲选人比培养人更重要。永远要选对的人"上车"。

我的工作笔记（入职阳光110天）

注：在面对挑战性工作时，我有写工作笔记的习惯，帮助思考和总结。以下是我的工作笔记中的一篇。

我认为我们正在认真地建设"阳光大学"，而科总（总裁）已经分别在邮件和会议中两次提及我们的筹建工作没有抓住重点。沟通太重要了，我们在清明节前争取到给总裁作当面汇报。我们经过充分的准备，汇报了运营条件的具备和大学运营体系的搭建。但领导看来还不够放心，其实我心里明白也许是因为过去没有真正像样的培训，也许是因为人员流动太大，所以总裁提出的筹备标准是我没有想到的，可以归纳为"体系"两个字，尤其是课程体系、师资体系。我的看法是，在筹建时给别人画出的课程体系和师资体系，基本都是忽悠人的概念或是挂在墙上的战略，一所企业大学的核心应该在人的身上、在队伍的身上。这些又都显性地表现在企业大学的产品和服务中，而不是在这些"物"的身上，那些不会说话的 PPT、Word，不可能单独发挥作用。没关系，就当是一次面对客户的发言好了。

理解了他的意见后，我给小伙伴们打气，重新调整工作计划，分为五个重点工作：一是课程开发，二是师资准备，三是招人，四是7月28日开业，五是线上学习系统搭建。

团队中出现了几个苗头：一是没有会带团队的人，还需要培养锻炼，几个小组都出现了合作中不舒服的事件。二是专业自信不足，在课程开发计划出来之后，团队中有几个人都不同程度地有些焦虑，直到我反复解释，并把《团队机能五项障碍》的示例给他们看，他们才在周末的时候终于安心了一些。三是工作效率不高，忙闲不均。团队在工作面前有些慌乱。

今天下午，给科总的两封邮件终于获得了回复，一是领导力素质模型项目可以开始做了，二是我们的计划书算是通过了。虽然我心中希望能够与领导更充分地沟通，但我也知道能像现在这样已经很不错了。科总身上有许多很好的特质，如工作务实，人也坦诚。写到这里，心情真的不错，关键是心态！

▶ 总裁的信任

在加入阳光的第一年中我一直直接向总裁汇报。总裁很忙，没有太多时间见我，但他非常关心阳光大学的筹建，他会定期让秘书通知我去汇报一下大学的情况。在民营企业中，往往从外面招来一片业务的负责人就希望能独当一面、建功立业，在前半年甚至更短的蜜月期里就能快速打开局面。前半年，总裁始终督促我在2015年7月28日前完成所有的筹建工作，确保阳光大学在企业成立十周年的日子挂牌成立。

在数次向总裁的工作汇报中，绝大多数是我一个人去的，有时也会跟团队一起向他汇报，其中有几次汇报印象很深刻。在最初的几次汇报中，总裁一直关心我的工作计划是什么，我的里程碑事件是什么。我并没有想太好。我回答说，先招人马，统一共识，分兵三路聚焦筹建工作。因为团队中绝大多数人并不了解企业大学是怎样开展工作的，我决定带团队去各个知名的企业大学看看，让大家有一个感性的认识。在我们一路考察学习中，我会发一些见闻和思考给总裁。当时业内另外一所企业大学正值调整时期，总裁看到我的信息后还专门询问这所企业大学的情况，以及我对这件事的看法，他殷切地期望我们能建成一所在业内有影响力的企业大学。

在后来的汇报中，总裁说他知道我多年从事领导力与组织发展方面的工作，是这方面的专家，能不能与人力资源部一起把干部素质模型搞起来。这是我特别擅长的工作，马上带着团队进行招标、调研访谈、分析讨论，着手这个项目对企业大学未来领导力体系建设有着深刻的影响，也让参与项目的同学们的专业能力有了提升。但后来的事实证明，当时这个项目没有把广大的利益相关者真正充分调动起来，以至于后来应用方面并不理想。这给我提了个醒，也恰恰验证了总裁开始的担心，在这里工作要更务实、更接地气。

总裁对阳光大学的第一阶段工作指示中，有一点特别明确，那就是希望阳光大学的规划和产品开发能与人力资源无缝对接。这个在后来的一年中，一直是我们工作的重点。他还与我讨论未来阳光大学内部的组织架构，以及对全集团培训工作的影响，是集约管理还是分散运营。我的建议是先从阳光大学自身的建设开始，争取服务范围更广，影响面更广，再来调整管理模式。

当时与总裁的沟通中，最具挑战的是我们对筹建准备这件事的认知是不同的，而我真正发现这件事的时候，已经是 5 月，离挂牌开业还有两个月。保险业的每个分支机构开业前，需要经过监管部门的批准筹建，之后是验收，过关后准许开业。总裁希望大学也是这样，准备好所有的师资和课程，至少是大部分的。而我却深信企业大学必须与时俱进，一个一个项目在实践中开发和运营起来。从结果看并没有什么不同，但在时点上看却有大不同。就这样，当我又一次汇报大学的筹建工作进度时，总裁说："要是这样准备，你们就是低水平筹建。"我当时又急又委屈，那么多背后的工作努力领导都看不到吗？急脾气的我脱口而出："我们的沟通有问题！"离开他的办公室，我就冷静了，不禁反问自己，那怎样才算"高水平筹建"呢？

在下一次工作汇报时，总裁对我说："你上次的态度不对啊，我的批评是对事不对人的，并没有否定你的意思。你要适应我们阳光的工作作风，我们都不再用过去那种含蓄的、拐弯抹角的表达方式，我们希望有更直接客观的表达……"总裁的这段话才说到一半，我内心就已经理解和释怀了。是啊，要想干好工作我们需要真实的反馈。接下来，总裁问我："我还能帮你做什么？"我没有想到，他会这么问我。经过快速的思考，我回答道："具体业务工作上您不需要帮我，我对自己的专业和能力有信心。要不您就请我们团队吃个饭吧！"很快，我们团队就被通知受邀与总裁共进晚餐，这对团队是极大的激励和鼓舞。

饭前，总裁与大家座谈，并且邀请了集团和寿险总公司的人力资源总监一块参加，听取了大家介绍的目前大学筹建的具体情况。团队中十几人全都发言了，同学们都纷纷介绍了自己的工作。看到大学筹建组的各项工作都有条不紊地在进行，总裁也很高兴。那天，我们第一次用举杯相庆这种方式表达了我们对未来阳光大学的信心。不知谁在酒后大家兴致最高时，掏出自拍杆拍下了一张照片，照片上每张脸都笑得很绽放，闪耀着创业的激情。

当时，我们还没有意识到，一种叫作"信任"的东西已经在我们团队内部，以及我们和领导之间慢慢产生了，它让我们觉得工作格外有干劲，格外有意义。

TIPS

在与领导的沟通中，用适合的方法说出真实的想法是有效的。最忌讳唯唯诺诺、唯命是从，这样表面看来很有执行力，其实长期容易养成"听话、照干"的工作模式。这种模式短期看似乎是有效的，而长期容易养成领导一言堂布置工作、下属没有想法的氛围；在遭遇业务挑战时，领导一人的想法也许已不管用，而下属的能力也跟不上，变成企业内部无人可用的局面。

▶ 搬家

随着阳光大学挂牌开业日期的临近，也意味着我们从繁华的朝阳门要搬到通州阳光金融城的日子越来越近了。阳光大学竣工的日子就是挂牌开业的时候，最后的外围工作还没有完成，我们的心情也变得越来越紧张，好比 7 月 28 日就要开始打一系列小战役组成的战争，但我们却迟迟进不了战场。

7 月 20 日，离开业挂牌还有一周时间，我们终于搬家了。我们迫不及待地把已经打包的物品搬上了搬家公司的车，准备进驻阳光大学。当时同学们还创作了一些特别好玩的招贴画——我们是这样搬家的。大家对真正搬进位于阳光金融城的阳光大学充满了期待。

正式入驻的第一天，我们都收到了负责搬家事宜的梁仔为大家准备的欢迎信，让大家觉得很温暖。新的一段旅程开始啦！

其实，当时我们进驻的还是工地，有许多工作正在收尾，7 月的北京还时不时下一场暴雨，进入大楼的地面也还是一片泥泞。为了不弄脏阳光大学内部的地面，我们每天都带两双鞋上班，一双专门是在门口踩泥的。当时电梯口摆着一溜泥鞋，场面令人难忘。不知谁当时拍了一张照片——几位同事正从泥泞的土堆上走进院子上班的照片。图中的几个人有的背着矿泉水、有的拎着卫生纸，但脸上都散发着开心的笑容，那是一种创业者才能领会的表情。

当时还有正在安装的家具和设备，卫生间和电梯都没有正式使用，没有饮用水，也没有食堂，大家没有人计较这些，很快投入到了大学开业仪式的准备中。我们对各楼层教室和设备还很陌生，对设备也不熟悉，我们争分夺秒地在准备着。

开业时需要用的阳光大学宣传手册、宣传片都在连夜制作中，此时，大家都感觉是自己家的店要开张似地忙碌着，不知疲倦。

后来我们把这之前加入阳光大学的同学们称为"49 年前老同志"，我们要给这段筹建的历程赋予意义。一个团队因什么而凝聚，不但是因为有共同认同

25

的目标，更因为一段共同充满挑战的经历。它让团队变得坚强而团结！

TIPS

团队的凝聚是因为有共同的目标，而且还有为这些目标而努力的共同经历。一些关键的经历要让它有仪式感。大家在乐观中去面对这些挑战，仪式感让我们感觉到这些工作的意义。"哈佛幸福课"中所说的幸福 = 快乐 + 有意义，就是此刻的感受。

开业论坛

我们用什么方式来庆祝阳光大学的开业呢？这是半年以来我们一直特别关注的问题。2015 年 7 月 28 日也是阳光保险集团成立十周年的日子，集团提前半年就在安排十周年大庆的活动。阳光大学如何能在这个企业上下欢腾庆祝的日子里给大家留下第一印象，留下美好的第一印象呢？

多年从事领导力与组织发展方面的工作，让我从骨子里非常认同企业家精神、创业精神，这样的精神才能开创企业有竞争力的未来。集团十周年大庆的方案由各子方案组成，数易其稿。从第一版开始，阳光大学的开业活动就是：与创业精神同行暨阳光大学开业论坛。它代表着我们将传承阳光人十年创业的精神和激情，经营好这所企业大学。这个方案在讨论中也得到了管理层的认可。

开业论坛要达到的目的有三个：一是让企业内外的人，尤其是 HR 和培训工作者知道阳光大学正式成立了；二是跟大家讲讲我们的办学思路；三是无论是对企业外部的合作伙伴还是内部的潜在客户，我们都希望得到大家的支持。我们邀请了行业内外的学习与发展专家、企业大学校长、行业媒体、内部客户等参加了这一聚会。

开业论坛的现场布置得简朴而隆重，最有特色的是519教室保留了与哈佛教室一样的黑板。我们找美术学院的学生在八幅黑板上画上粉笔画，生动热烈又环保别致，给许多人留下了深刻印象。那天随着不断进入现场的嘉宾和同事，阳光大学一时间也在培训界同行和企业内同事们的朋友圈里刷屏了。一所新的企业大学来了！

那天论坛的演讲嘉宾都做了认真的准备，有的讲到了企业大学与文化传承，有的谈到了企业发展与创新，有的谈到了创业精神，有的带来了精心的礼物和贺辞……论坛的现场，我们还向阳光大学专家组成员颁发了聘书（首批是八位专家，半年后又增补两位）。当时的专业组阵容极为强大，有管理媒体的出版人，有前知名500强的高管，有行业内知名顾问，有标杆企业大学校长，正是因为他们和业内众多同行的到来，论坛才精彩纷呈。阳光保险集团的人力高管也向大家介绍了阳光S类干部素质模型项目。我向大家介绍了阳光大学的发展思路。

论坛之前，总裁的秘书告诉我当天庆典活动很多，总裁只能出席20分钟，发完言就走。可是到了举办开业论坛的哈佛教室（519教室）后，总裁被现场的氛围所感染，放弃了秘书事先准备的发言稿。他从一名阳光创业者的角度谈了自己对阳光大学的期待。即兴的演讲质朴而充满激情！从论坛开始到结束，总裁一直在519教室，这也深深地鼓舞了我们团队，无论是我个人还是我们这个刚刚组建的团队是多么渴望得到组织的认同。

当然，开业论坛表面上热烈而有序，但后台也出现了许多差错和混乱。在《培训》杂志的领导赠送礼物的环节，礼物已堆放在一起，根本分不出哪个是他们赠送的，现场只能出现2分钟漫长的"留白"。因为阳光金融城刚刚落成，大家都不认识，我们的同事找了不少企业内部的志愿者充当领路员，为嘉宾一一指路，也出现了一些差错，导致个别与会者晚到。

我非常感谢当时参加开业论坛的各位嘉宾。他们有的甚至从上海赶来、从北京城的另一端赶来，为一所新成立的企业大学送上祝福！为一个企业学习场域的建立凝聚力量！让更多跨行业的智慧火花在一处碰撞交融！我也感谢这些年积累的行业人脉，让这时的我能得到朋友们、专家们真挚无私的帮助！

▶ 成功空降

大学挂牌后的首秀令人期待。我们跟总裁商量后决定先从干部的培训做起。阳光集团相对比较扁平，在集团和子公司总部，我们锁定了 S 类干部200多位，大学的第一次培训就是针对他们。

企业大学的教学互动活动肯定离不开企业领导人的参与，尤其是首秀。当时正值企业十周年大庆，董事长的时间很难排定，而且许多人都告诉我这个事有很多不确定因素。一时之间我和小伙伴们很发愁，如果需要董事长来讲第一课，那一定需要准备时间，我必须尽早确定这件事。

企业内部正式沟通的流程比较长，要确定领导的时间通常的做法是打签报、写请示或会议商定。因为时值阳光保险成立十周年大庆，各方面的时间都在排定中，所以很难确定领导的时间，看着日子一天天临近，董事长出席的事还没有确定，我心急如焚。最后我决定直接联系他。斟酌再三，针对特别有战略远见的他，我在微信上写道："董事长，一个从微软退休的人告诉我在微软印象最深刻的事，就是刚加入时盖茨给他们讲了一堂新员工培训课。阳光大学开业在即，邀请您来讲第一堂课！"当时身边的人都觉得董事长可能顾不上回复。没有想到的是，半天以后，他在微信上用语音回复我："这事可以，那两天我的事很多，具体时间跟秘书再排一下。"我拿着他的意见再找董事长办公室的人，最终确定了时间，下面要做的就是内容的商量和准备了。

培训策划中最怕的就是无法确定准确时间。除了企业自己内部的领导和讲师外，如果没有准确的时间就等于始终没有向外部的老师发出正式邀约。在确定了董事长的时间后，我们第一时间向在互联网＋金融方面很有研究的刘润老师发出了上课邀请。可惜他的时间早已经排到两个月以后，恰在这时他原定在那一天的活动被取消了，他的助手第一时间通知了我。真要感谢老天帮忙，终于在开业前几天搞定了这一切。

第一次培训让大家学习了企业内部最高领导的深度思考，大家对此培训给出了很高的评价。大家对大学的期待和学习热情远超过我们的预期。就此，我看到企业内部学习与发展工作可施展的空间全面向我们敞开，我们可以卷起袖子大干一场了！

一份早已起草好的文件正式出现在集团 OA 中，我从阳光大学筹备组组长正式改任阳光大学执行校长。我们的团队也从三个工作小组模式正式切换成四个部门。这意味着阳光大学筹备工作完成，阳光大学的正常运营工作正式开始。为期半年的试用期也刚刚结束并通过，我终于成功空降。

TIPS

得到企业领导的支持是顺利开展工作的保障，要习惯站在他们的高度去思考问题，要理解他们对培训发展工作的需求及期待。培训工作通常没有太多正式汇报的机会，要抓住每一次关键沟通的机会。

蹒跚而行

我们既要积极借鉴他人的经验，又不能完全照搬照抄；既要开放学习，也要敢于大胆自主创新。

如果你心中有客户，客户的口碑里也有你。

创业维艰

在许多人眼里，对阳光大学的第一印象就是那英伦风格的大楼、那美轮美奂的院落、那气派哈佛式的阶梯教室、那有着 LED 大屏的大报告厅。可当初这样的硬件条件在赏心悦目的同时却让我内心充满焦虑和不安，一方面我宁愿在车库里工作，让我们继续保持创业动力和激情，另一方面我担心过于漂亮的大楼和宽松舒适的座位，让我们疏远了大学筹备期团队的距离和热度。

在创业过程中，开始最挑战我们的是两点：一是如何一边开展培训业务一边建立自己的业务策略和规划、内部运营流程，还要与团队目前的能力水平相匹配；二是如何招募到适合的人才，尤其是干部与骨干。总结起来就是，如何以团队面貌快速形成业务能力及影响力。许多企业大学成立后，会快速组织大量的培训班。我认为最好能根据企业最关键的人群、最关注的战略主题，以及大学自身的能力来制定初期的业务策略。这个业务策略既要形成优秀产品效应，也要兵贵神速。

在与总裁的多次沟通中，根据我的专长，他希望阳光大学的产品体系能够与人力资源体系无缝对接，能与干部队伍的建设联系起来。我们第一阶段的业务策略就在此基础上展开。当时我们的团队还比较弱，不论是人员数量还是质量都支持不了太长太大规模的项目。在刚刚起步的时候做一些什么项目能为新成立的企业大学赢得客户和品牌呢？从理论和专业上讲，许多问题的答案是明确的、清晰的，而在实践中各种条件的约束下先能端出什么菜、味道好不好，却真是一件非常有讲究的事。

　　当了解到集团总部及三个子公司总部每年新员工人数已达上千人时，我们重点做了新员工培训课程的重新开发，由原来的不标准化的、宣贯式的不定期培训改为有标准的线上线下课程、互动式的、建立学员联络社群的方式，优化了原有的培训流程和制度，并在交付力量上大大加强和拓宽了。当然，这样的改变也让大学的交付力量一下子面临巨大的挑战。这个项目在以后的多次迭代和调整中，交付能力始终是一个原因。

　　干部培训是企业大学必须有的大菜，但从哪里开始呢？适逢有一批新晋升的干部，我们就从新经理培训开始进行项目设计、产品开发、自主交付。这个项目是根据企业内部真实的商业案例为背景，加入领导梯队成长的能力要求进行的内部课程设计，同时在两个层级上开发不同版本。我们为这个项目起了一个很有诗意的名字，叫"人在旅途"。在当时捉襟见肘的条件下，就这么颤颤巍巍地交付了，居然很受学员好评，这一个小小的成功给当时的我和团队带来了很大的鼓舞。在此之后，我们还对总部最高层级200位干部、省级公司总经理等人群都开发了有特色的培训。为新员工重新开发了培训项目后，我们还专门针对空降的经理们，定期开设空降经理的培训项目，其中"空降经理蜜月期"这个课程受到许多空降经理的喜欢。虽然还不完美，但我们终于端出了第一桌菜。

　　大学开业之后的半年，我们完全是在一场场战役中度过的，而上战场时，我们的队伍还是"民兵"武装，很不专业，有时我们培训相关环节的方案在交付之前10分钟还在讨论修改着。学习服务中心的助教和运营支持工作也在培训前后的一次又一次的会议中找出混乱、明确、冲突、再明确、再梳理、再执行……对绝大多数人来说，工作是陌生而辛苦的，来自脑力和体力的挑战同样巨大。在这样的创业氛围中，阳光大学的业务起航了。

　　今天重新回顾企业大学第一阶段工作目标，我觉得应该有两点：一是各层级的干部及重点人群要覆盖；二是大学要有自己的专业力和服务的体现，留下最好的第一印象。

> 不同企业大学的起点不同、定位不同，但需要在第一时间明确的是企业大学的主要服务对象是谁，我们的客户是谁，当前需要培训解决的主要矛盾是什么，我们怎样快速具备这样的能力。企业大学要从一开始就关注我们的产品和服务品牌，这才是企业大学的立身之本。

准事业部制

在与总裁商量阳光大学的运营方式时，我们都不约而同地选择了事业部制。对总裁来讲，希望新成立的大学能够以自己的专业优势赢得更多的内部客户甚至外部客户，从而能在企业内部立足。对我而言，我相信市场化是一个好东西，它能让一切关系变得简单直接，让资源更加合理配置。

早在国有企业时，我就跟领导开玩笑，能不能让我把所管辖的部门给承包了。当然，这是不可能的，转而又在领导的支持下带着我们的专业团队跨行业在其他央企做项目。虽然知道挣的这些钱与我没有半毛钱的关系，但我和团队也特别愿意去做，这种感觉来自市场化本身，被市场、被用户所选择、所信任是一件有成就感的事。

我们商定在实现真正的事业部制之前先有一段时间准事业部制的过渡，以便更准确地收集财务测算数据，同时让团队有一个准备期。所谓的准事业部制，就是指对所有培训都进行定价，对所有参与培训的人都进行内部费用结算。定价如果过高，可能会让内部的客户流失；定价如果过低，可能无法体现培训真正的价值，也无法分摊各种成本。对我们而言，绝大多数业务是产品质量和服务水平决定了内部客户是否选择与我们合作。

　　刚开始提出我们要做准事业部制时，很多小伙伴都是很有顾虑的：我们到底行不行？甚至有些小伙伴还私下找到我，问我为什么要自讨苦吃。我不厌其烦地跟大家交流学专业、提升专业、服务客户的苦那不是真正的苦，真正的苦是连你自己都觉得很活该，因为你从来没有为自己做过一些努力。所以有时经常听到一些同行抱怨说在企业内部这样受欺负、那样不受重视，是不是跟我们自己不作为、只做内容的二传手、只知道帮着找个老师、操办个会议服务、不创造任何价值、不解决任何问题有关。在交流这些话的时候，我知道耳听为虚、眼见为实，只有当我们真的实践起来时，才会让大家真心接受。阳光大学成立后随着各类培训项目一个一个的完成，随着业务收入的积攒，大家对作为准事业部更有信心了。

　　过去，我们的培训总是自上而下的，总是领导提了什么新要求，集团业务部门、人力资源部有了什么新产品、新制度，我们就策划一个相应的培训要求大家来参加。参加完后搞个培训评估，感觉不错，培训的目的便达成了，但对实际生产力有多大影响和帮助真不好说。过去的那种业务模式还是就培训论培训。准事业部制对大学同学最大的改变是自己会找活干了，主动去找业务部门聊需求，找商机。真正开始考虑以客户为中心，真正关心用户的痛点。

　　每拿下一单都让同学们充满了喜悦。有一次,我们在微信群中发招生广告,为"星职场"招生,这是一个由直线经理为优秀年轻骨干员工付费报名的项目。我们仅用了一个晚上就满员了。在我们的员工群中项目经理非常开心和激动,说这真像开淘宝店,看着大家都来订货太有成就感了。大家终于感受到用专业服务他人的价值。

　　一年以后，有大学内部的干部跟我聊起这件事时告诉我，阳光大学创建的过程让他收益最多的就是姜茶姐爱挂在嘴上的市场化，真的能改变人，创造价值才最有价值！有时我们做甲方的真应该向乙方学习一下，什么叫好项目、什么叫好产品，有用户口碑的产品叫好产品、有回头客的项目才叫好项目。是的，只有敢于具备乙方心态，才能真正服务客户，才能放低自己的身段，才愿意不断学习最终赢得客户认同。

TIPS

培训同行们理解业务最好的方法就把自己的培训业务也当作市场化的业务来做，这样才能理解什么是以客户为中心，什么是打造爆款产品，什么是价值主张，什么是客户细分，什么是成本，什么是收入。与其在岸上观看，不如下海一起游泳。

建章立制

对一个早已默契高效的团队而言，不必太在意管理的形式和规范，只要能够让绝大多数成员感到舒适又高效即可。而对于一个新组建的团队来说，必要的管理形式和规章制度是很有必要的。只有在统一的管理模式下，相互的合作融合才会尽快形成，尤其是在有些企业，很多人没有特别好的职业训练基础。

阳光大学正式成立后，内部的架构设置从原来的三个工作小组模式调整为领导力中心、职业化中心、互联网与综合金融教研中心、综合部（半年后增设教务部，后又跟综合部合并成为综合教务部）。随着组织架构的正式形成，阳光大学慢慢形成了一些有自己业务特色的管理制度和习惯。

当时我们认真抓的第一件事是共同学习制度，即让大学的小伙伴在一起学习新的培训内容和新出版的作品，分享个人的专业特长等。在选择这些内容时，我不像培训圈里的人一样酷爱学习技术，而喜欢选择一些商业传记让大学的同事们看，如《杰克·韦尔奇自传》、《赢》、《蓝血十杰》、《以客户为中心》、《在枪林弹雨中成长》、《支付战争》、《创业维艰》、《腾讯传》等。我相信兵无常法，但商业精神有其内在的本质和规律，企业只有向企业学习，才是最务实有效的。事实也证明，这对阳光大学绝大多数小伙伴是有效的，有团队共同的促进，让许多半年也难读完一本书的人能够在压力之下学习一些内容，尤其是遇到自己分享的时候，很多同事还是很重视的。集中学习对年轻的新团队有效但不够快，我个人认为最快的学习方式是大量阅读和大胆实践。经常听到一些年轻同事说渴望能够在专业上尽快精进，但又不知从何做起。我的建议是先去读书，而后做些什么、改变些什么。

会议是管理中不可避免的活动，我恨透了从一个会议穿梭到另一个会议的工作模式，所以阳光大学的集中会议只有每周一上午一个半小时的周例会和一两个月一次的全员项目分享会。其他会议都是通过小团队或项目组研讨和一对一交流的方式进行的。每周的周例会又与上周末提交的部门周报密切结合，每个周末下班前，以部门为单位都要提交周报，这个习惯在我所带领的团队中坚持多年。周报与其说是给别人看的，不如说是给自己看的，提前规划下周工作和工作时间，这是一个好的工作习惯。

第一次在阳光大学新的会议室开会，大家把会议室中长桌最头的位置留给了我。我知道这是不成文的规定和习惯，但还是建议大家改一改，以后座位随便坐，不要给一些座位人为的标识意义。只有每个座位意义一样，大家在会议上才是平等的发言主体。从事培训业的人话都比较多，后来我们还专门指定了周一会议的主持人，确保我们的会议不超时，所以我们周一例会很少超过两小时。

培训业务的特点是一个接一个的项目和培训，像瀑布流一样。为了能够留下充分的资料和记录，我们从一开始就坚持记录阳光大学双周报，如实地记录开展的一些项目和活动，并且定期发送给阳光大学理事会成员、专家委员会成员、各条专业线的培训管理者和阳光大学的同事。这项工作一开始是大家轮流负责的，后来由吴娇同学专门负责后，质量变得上乘并稳定。开始大家都觉得这项工作是负担，感觉这些工作都知道，没有什么记录的意义，可是一年又一年地坚持下来，却慢慢让大家理解了这项工作的意义。尤其是每年年底我们要将全年 23 期工作简报装订成册并印发给大家时，那是我们一年辛苦的最好的总结和再现。后来越来越多的小伙伴要主动将自己的项目和培训记录在简报中，成为阳光大学的一个管理特色。手册的最后还会附上全年的大事记，让岁月的流淌刻下我们曾经的痕迹。

TIPS

工作制度的背后表达的是团队文化和价值观，作为培训与发展的从业者，我们说给别人听的机会比较多、我们在课堂上要求别人做的比较多，而这些我们做到了吗？对企业大学而言，知行合一，要求别人做到的，自己先在管理中认真做到，这些实践会成为企业大学或学习与发展部门无言的代言。

▶ 预算规则

学生时代，我们经常说"经济基础决定上层建筑"，这句话真的很深刻。在阳光大学刚刚启动的阶段，财务制度及预算是另一个严峻的挑战，不是有没有预算的问题，而是民营企业对预算的理解和执行与大型国有企业是不同的。

在大型国有企业中每年第三、四季度要花很长时间正式编制预算，预算层层审查过程中是比较耗费精力的。预算最应体现的原则就是财业结合，这里的"业"是指培训业务规划，而业务规划又必须符合企业的战略执行及业务发展运营、梯队培养等方面的要求，而这个要求又是企业由 3～5 年的战略规划和不断滚动更新的年度业务规划所产生的。虽说现在互联网时代背景下，规划的周期在缩短，但这仍是财务预算启动的重要输入因素。这里的预算审核极为严苛，但一旦经上级批复生效，预算主体就可以按照预算中有的内容进行财务活动，执行的过程是相对宽松和自由的。预算的执行不但要考核结果的准确性，甚至要求时序进度的合理性，因此预算对所有业务活动的牵动力不可低估。过程中有强大的内审系统监控是否有违规行为。

在这样的预算体系下熏陶多年，我很重视培训业务的规划及执行效果，很重视财务预算系统与业务对接的合理性和匹配性。因此在换一种财务预算的运作机制下，这也变成了一种挑战。

很长一段时间，我似乎都不能向财务领导清楚地表达我们的预算想法，后来才发现我们是在不同的体系下思考的。表面上看，同样都有财务预算体系，但运作机理却大不相同。每年年底各部门也要填报一个财务预算，但不知什么原因财务系统并不会回复一个非常清晰的预算批复。如果没有大的异议，各个部门也可以先照着自己上报的预算来执行，这一点看似比国有企业少许多环节，但在实际操作过程中需要重新审批的流程会很多。

在两年的运营中，我也发现了企业的灵活之处，那就是如果管理层对这个部门业务的开展比较满意和信任，这个流程往往也就是一个手续，审批过程也会很快。但在初期，业务发展还不是很明朗的时候，审核相对是比较慢的。在这样的流程下，到年底你会发现所谓的预算体系实际上是很弱的，对全局而言只是一个大致的财务盘子而已。在这样的体系下，要让管理层相信上一批的钱花的是有效果的，下一次申请才不困难。也就是说，要不断证明企业大学的工作是卓有成效的，才能得到企业财力的支持，这并不是一句企业有没有培训预算这样简单的话能说清楚的。

在这样的预算和财务体系下，我们要做的就是不断地自证培训是有效果和影响力的，我把这样的工作系统称为"有为才有位"。在看明白这一切后，我们一刻也没有懈怠过，不断地带着团队向前奔跑。

培训预算牵动着许多培训人的神经，一方面要为培训事业争取尽可能充分的财务预算，另一方面要把钱花在刀刃上，让培训有效果。这些年的从业经验，让我看到过有钱没钱都能把培训业务做得出色的团队，所以钱是一个问题，但没有唯一定义成功。

民营企业的势能

过去在国企工作时对民营企业的了解只是从外部看的，许多理解都很不到位，甚至是错误的。加入阳光后，发现企业正在面临快速培养人才梯队的阶段，有些资源和机制还没有完全到位。并非都如外界所传言的"民营企业是深坑"，民营企业对忠诚而又有能力的人是非常欢迎的。对于刚刚创业的民营企业与经营超过十年的企业所面临的挑战又不一样，企业长远地经营下去，最难的不仅是赢利，还有长远的目标，能够激励员工在这里充满激情工作的目标和理由。在国有企业时虽然工资并不丰厚但还可以鞭策自己：我们是国之栋梁，要怀有家国情怀，奉献于某某事业。在民营企业又是什么呢？是钱吗？是自我实现吗？

许多民营企业正是看到这一点，都努力培育和弘扬自己的企业文化，但因为有不少企业还在成长过程中，企业文化的营造又多以外在的形式来表现。

令我印象最深刻的是，国有企业的工作人员特别不愿意外人知道自己的企业多有钱、多有范儿，担心为自己的企业惹来麻烦，就像当年谁谁家的天价"吊灯"，引起许多网民的热议一样。所有人都尽可能低调，不轻易展示企业内部的一些硬件设施。而加入民营企业后，民营企业的想法是截然不同的，希望通过不同方式展示自己的软硬件条件和资源,让自己的企业更有知名度和美誉度,甚至不惜借助一些外部的力量来达成此目的。

现在回想起来,我在阳光大学成立初期,为阳光大学邀请的十位专家组成员也在无形中起到了提升企业势能的作用。当时专家组中有知名管理媒体出版人、知名企业大学校长、领导力与组织发展专家、创业孵化导师、知名企业HR 等,除了开拓大学教职员工的眼界,同时也让更多的人了解了阳光。

TIPS

企业大学是企业非常好的对外联络和展示形象的窗口,要把握好它的开放与企业战略推进、组织能力提升、创新思维引进的关联性。要利用好这样一些机会帮助企业树立企业品牌,尤其是人才品牌。

▶ 总裁亲自检查的课程设计

大学开业后时值集团搞了一个百名优秀人才的项目,在这个项目中集团一共破格提拔了两个级别120 多名新的干部。较往年相比,这次担任的干部都很年轻,充满激情,真正是年富力强,但同时也缺少担任领导者的相关心态和技能准备。总裁第一时间把培训这些新提任干部的任务交给了我们。

我认为这是一个好项目,因为它在梯队培养中是一个真正刚需的项目,有明确的需求和学习动机,而不像有些项目那样是为了培训而培训的例行任务。大学建校之初,确实需要有几个打响品牌的"小战役",而这个任务来的正当时。我们确定了由大学原创设计这个项目的方案,由大学自己开发、自行交付。开始大家对此充满了顾虑,我说服大家试一试。

　　我并没有一开始就向大家展示项目开发的整体架构，只是跟苏花和祁祁说我们需要为这些学员专门编写两组案例，两组发生在阳光内部的真实案例。对部门级干部的案例编写关键是互联网＋金融的商业背景的选择，要真正反映现实中的商业挑战。对部门内处长干部的案例编写关键是带领团队的领导效能挑战。以领导梯队为暗线，以 4D 卓越团队为课程开发逻辑，以相关角色在岗位上的真实挑战场景为课程明线。在反复的修改和讨论中，阳光大学第一个较大型原创的领导力项目"人在旅途"的基本模型就开发出来了。在这个项目开发的两个月中，苏花和祁祁对案例改了一稿又一稿，最终才通过了我的验收。

　　在项目正式交付前，总裁把我和苏花找了去，让我们汇报一下这个项目的准备情况。我们向他介绍了一下开发思路和框架。在他的办公室，他详细地看了我们的案例。我当时似乎都能听到自己心跳的声音……我不是对课程没有信心，只是担心自己没有介绍清楚被领导把这种创新而有活力的好课程给"枪毙"了，就像一个产品经理在产品上市前那一刻的心情。

　　总裁看完后问了两个问题：第一个问题是这个课为什么不是以保险业务为背景，而是以小微金融为背景，这对大多数人可能是陌生的？第二个问题是这个课由谁来讲？我回答说企业内部培训干部，尤其是面向未来的领军管理人才，一定要读懂企业的所有生意模式，虽然案例中写的不是大家最熟悉的业务，但这也是企业的一个业务、一个面向互联网金融的新业务，值得大学学习熟悉。关于这个课程我们并不需要讲师，我们需要一个讨论的引导员，由我来担任。我知道您是担心我没做过他们的业务，我们已经邀请了真实业务环境中的骨干来担任点评嘉宾及互动嘉宾，保证大家能了解到真的业务情况。

　　总裁听完，同意了这个项目的方案，嘱咐我们要认真完成。之后阳光大学用这个方案完成当年的新晋升经理培训，后来我们把"人在旅途"变成了一个成熟的产品，专门用于每年的新晋升经理培训。好几位同事都参与了这个项目的设计和交付。因为反馈不错，我们还根据这个设计原理，演化出其他几种版本，组织过多次送培训到基层，为不同的对象服务。

TIPS

好的产品，应该是把复杂的设计实现留给自己，把简单流畅的学习体验留给学习者。通常培训课程讲师的水平在一定程度上决定了课程交付的质量，所以讲师也是课程设计的用户，要把降低交付难度作为产品开发的一个需求。

▶ 为企业的客户服务

在大学成立半年的时候，我们突然接到一个需求，是一个二级机构（省公司）想为自己的一批高净值客户提供有价值的培训，同时促进一下年初的开门红销售。祁祁老师来问我："姜茶姐，我们接不接？"我的反应是，接，当然要接。这是对企业最有价值的培训，我们一定要策划好，实施好，并且还要以此为案例宣传好，引来更多的企业客户培训的单子。

客户培训的策划比内部培训要复杂得多，不仅要有很好的课程，还要有很好的服务体验和感受，更要与阳光的营销理念和企业文化相融合。阳光大学的客户培训需求比我想象的时间来得更早一些，既然来了，就让我们挑战一下。这个项目由做过寿险业务的祁祁担任项目经理，一边开始通过电话沟通客户需求，一边根据机构的预算来寻找和定制课程，同时还要有一个非常强大的后勤支持小组。因为大家都是第一次接待企业高端客户，所以只能一遍遍讨论和模拟我们的培训策划方案、接待服务流程。中间还根据省公司的要求做了许多次调整。

当时我们明确了几个策划原则：一是要让客户体验北京和阳光金融城的文化，二是要让客户体验阳光服务中小企业主的财富管理理念，三是要让客户感受到互联网＋时代企业管理的最新理念和方法，并且所有内容都要深入浅出、寓教于乐。针对这样一个目标和要求，我们不断与机构市场部门优化和明确最终方案，希望能够真的为一线的经销工作帮上忙。

对金融行业的客户我是没有信心的，万一培训做完了客户不满意怎么办？万一对销售没有促进怎么办？就在客户抵达的前一天，我还跟祁祁开玩笑：万一客户都不愿意买，我就买点儿他们的"开门红"产品吧！我们心中充满了忐忑与不安。

正是由于我们做了最坏的打算，同时又渴望最真实的成功实践，两天的培训很顺利，客户及代理人都觉得课程安排很新颖，同时又很有用，感觉阳光保险是一家有文化、有实力的金融保险企业。丰富多彩的课余活动和安排也使他们有了许多愉快的交流，每个人脸上都洋溢着微笑！在培训课程结束后的产品促销环节一举拿下1 000万元保险预销售，真为一线营销将士们点赞，他们太了不起了！我们很荣幸与你们并肩而立。

很快这则培训信息就上了内部新闻，阳光大学的实践又一次拓宽了公司领导和同事对企业大学的认知和想象空间。阳光大学为能支持这样的营销活动感到无限的骄傲。至此，也拉开了我们开设客户培训业务的序幕。之后的日子里，我们多次为二、三级机构（省、地市公司）组织举办客户培训、保险产品说明会、创说会等，充分发挥了这座优雅的欧式建筑的最大功用和影响力。

TIPS

如果有机会，企业大学应该尝试直接为企业的客户提供培训，这样做可以加深客户对企业产品后面管理背景和企业文化的理解，加强认同感，提升企业品牌；同时也可以提升企业大学对企业主营业务的理解，发挥更大作用。

▶ 在线大学

阳光大学组建之初就开始考虑自己的线上学院。我们首先确定的业务策略是不自建线上平台或系统、线上学院以手机为主客户端、线上学院易于升级和迁移，所以我并没有急于用掉规划中线上学习系统的预算，而是采用了租用平台的方式。

多年前做的 E-learning 业务给我留下了非常不好的记忆，越是大型封闭的企业自建平台，越会成为鸡肋。内容资源开发是中心组织模式（无法与开放的众包模式相比），系统的运营耗资巨大，同时因开放性差很难形成真正社交型的平台，因此对用户的吸引力就越差，而越是投入巨大就越难轻易放弃，进而又要变着法地督促员工上线学习，而员工又要千方百计地应付……最后我们像打开了一个潘多拉盒子。

再一次重新规划线上业务时，我需要它轻、灵、活、快，即不需要企业一次在硬件、软件上投入过大，同时能满足主要功能模块，并能根据需要随时增加功能，学习者体验好，应用便捷。如果没有想好怎么干、怎么吸引学习者，我们宁愿再考虑一下或暂缓建设。在这样的要求下我们租用了一个学习平台，以 APP 的方式向用户提供。

线上业务以支持服务为主，以刚需的满足为第一步重点，而最刚需的需求就是各种业务考试，我们先从这种业务的满足作为线上业务的切入点。事实证明，这种想法得到了现实需求的回应。对于一些硬性要求学习的课件，比如与新员工培训相关的企业文化、企业发展史、内部管理系统操作、相关管理规定等线上课程作为必备目录，这就是我们初步的线上培训的基础配置了。

就这样，当时我们还没有看到或想象到线上学习要怎么规划和运营，线上学习系统的预算也始终待在账上。

TIPS

经常有企业大学的负责人问我，应该怎样选择线上的平台或系统。我通常会问他们期待中的线上业务包括哪些。他们回答得都很含糊。多年的经验告诉我，线上的学习系统并不只是依赖软、硬件就能单独存活的，它需要清晰的业务规划，还需要强有力的运营力量方能显现出它的神力。

▶ 重新认识微课

越早学习什么，会越早受益，但同时也会因为曾经没有效果从而全面否定一项技术或一类项目。每个人都有认知的局限性，我也不例外。因为我是国内比较早的从事 E-learning 业务的培训管理者，当年费了九牛二虎之力建起的线上学习系统只不过是"鸡肋"之作，再加上多年从事互联网转型培训、更深思考这种模式背后的组织动力，使我对线上学习总体上还是持观望态度。我相信它会是趋势，但运营手段要有大的突破。线上学习靠对员工强逼胁迫终非"君子"所为，如果不能"你情我愿"还不如不做这样的业务。

在阳光大学的建设过程中，要说对什么业务我的态度是比较保守的，那就是线上学习项目。这个情况一直到"云学堂"杯中国微课大赛在阳光大学举办，才有所转变。我看到了一个案例，它深深打动了我。当时有一所医院，将微课制作技术教给了许多医务工作者，让他们针对客户和社会人群展开一些健康、保养、康复知识的微课开发。随着微信的传播和推广，为许多病患者、家属、照顾人员提供了快速学习的知识和信息，开创了医院、医护人员、病患、家属、社会的多赢局面，为医院赢得了社会认可和赞同，那位推动此事的副院长也给我留下了深刻印象。

这个案例让我看到了组织内非正式学习和线上学习的组织动力和多赢格局，这个医院可以，为什么我们不可以，保险公司也要去开拓客户、代理人、一线销售部门、保险公司等多赢共识和信息传播，微课正可以大有作为，原来的我待在固有的思维里坐井观天太久了。我们需要发动更多的人成为微课的主角，而不应把微课当做高大上的技术藏于企业大学的"藏经阁"中，应该让更多的业务骨干、民间高手成为新的互联网学习的参与者和贡献者。

当时我们商量，虽然错过了第一届"中国微课大赛"，我们一定要参与第二届，并要勇敢地成为微课技术的弄潮儿！这件事本身也给了很好的教训，"老司机"也保不齐会小河沟里翻船，对组织动力的观察、学习技术的迭代、互联网技术的演进要始终保持一颗敬畏之心。

TIPS

智能手机的快速发展、社交平台的快速普及、带宽资源的价格快速下降等有利条件为线上微课的传播创造了很好的条件，微课不应该是企业大学某个人或某个部门的职责，应该是所有培训经理的通用技能，并且能够指导和影响更多人掌握微课制作技能，微课应该为业务发展服务。

▶ 第一次冲突

对企业大学或培训发展部门来说，在每年的教师节都会有一系列表彰和庆祝活动，以激励更多的优秀管理者和业务骨干更愿意投身到内部培训师这个角色中来。这样的活动虽然几乎每个企业都有，但内涵却不尽相同，底层也反映着不同的价值观。而我没有想到的是，这个问题却引发了我与团队的第一次冲突。

大学成立后，为了能在企业内部尽快树立学习品牌，同时挖掘一批优秀的内部培训师，我们决定举办一次有影响力的教师节活动。这次活动的主题是"九月登高处"好讲师大赛，是一次内部讲师的授课 PK 赛。当时负责这个项目的同学们精心策划了比赛的要求、赛制、辅导、奖励等方案，希望能在企业内部激发起人人爱讲课的氛围。

大赛的活动分为发动报名、提交初步课件作品、分赛区辅导选拔、集中的半决赛辅导、教师节决赛等几个阶段。前面的几个阶段都很顺利，项目小组也为此付出了努力。在半决赛之后，我发现参赛的人绝大多数是来自一线的营销人员或代理人。能有大量一线业务主题的参赛人员及作品当然不错，不过在当时的战略环境下，我们希望不仅有自下而上的实践课程，还要有自上而下的战略和文化传导类课程，这样才能代表整个集团内训师队伍的水平。我个人的经验对这个问题的判断有些犹豫不定了。

直到我参加项目关于决赛安排的讨论时，我们的分歧才进一步显性化。我主张做有价值的内训师队伍培养，传递正确的内训师文化。大家主张每年我们都会让辛苦了一年的基层内训师来好好活动热闹一下，今年也不应该例外。我当时就有点急了，很严厉地提出了我的观点，提出了内训师队伍就是企业大学重要的第二支梯队，他们的参与者、专业形象、服务价值观都直接影响着阳光大学的发展。参与会议的其他四个人都变得沉默不作声，已经习惯了的执行文化让他们知道不能辩解，而我分明看出他们内心有不服和委屈。这次会议就在我提出的缩小规模、简单操办的要求下结束了。

在回家的路上，我从理直气壮的教训下属的情绪中渐渐走出来，试想如果我在热心地操办一些活动，本来是想得到领导支持的，没想到却被骂了一顿，我会怎么样？我会不会对这个团队、对这个领导失望呢？还没有到家，我在路上，就分别在微信里就我刚才的态度向大家道歉，同时平心静气地讲了这次活动让我不满意的地方。我的目的是为了让大学有一支更强的培训师队伍，鉴于这次的人员组成不太合理，活动又无法撤销，所以我们就简单地搞这次活动。当然，这样的沟通方式更能让大家理解为什么我们选择这样做。

后来，我抽空跟大家介绍了以往我们运营内训师团队的经验，让大家终于明白为什么要发展内训师队伍，在不同层面的学习与发展部门应该抓住什么样的重点。这次冲突在阳光大学建设初期繁忙的时刻，忽然就发生了，可是我们都不惧怕冲突中观点的直接表达，反而经过这次之后，我们的团队更紧密了。教师节活动也按预期顺利完成。在这次教师节大赛的组织中，我还发现了一个我们内部的好干部。她处事公道，做事有条理，特别能赢得大家的信任，她就是后来担任教务部负责人的张洪洁，她在阳光大学的建设中成为我们优秀的内当家。

TIPS

对一个大中型企业来讲，企业内部的讲师应该是分层分级的，即在不同组织层面主要发展不同级别、不同管理成熟度、不同主题的内部讲师。集团总部应该更重视战略、文化、业务策略、管理要求等内容和主题，授课也应该动员更多中高管参与。各分支公司应该更加重视业务一线执行过程中的有效方法和技能的传播，让一线战场上回来的人讲述战场获胜心得。这样才有可能形成一支主题覆盖全面、参与人员多样、上下联动的内部培训师队伍。

非正式组织

在企业大学工作多年，我深知官僚科层式组织与企业大学的专业活力是有天然的矛盾的，那种在领导指挥下的创新可能不仅没有真正支持到业务创新，反而可能使一些专业骨干失去活力甚至导致人才的流失。

在团队的组建中，我发现了一些年轻的 85 后同事很有特点，有的古灵精怪、聪明可爱，有的闷骚有才，有的激情四射，就支持他们跨部门组成一个小团队，让他们自己去干点有创意的事，看看能不能折腾出点儿有意思的事，同时也可以为这些小伙伴营造更有趣的工作环境。

他们给自己这个小组起了一个亮瞎眼的名字"京（金）城（辰）名（明）流（刘）"。后来又随着美女小啊姐的加入，改为"啊京城名流"，后来又随着成员的调整改为"啊金融（荣）名流"。他们给自己的展示园地——公众微信起名为"羊圈"，那里要么非常搞笑、要么发布非常有才的作品。这个非正式的小组织把一群有创意、有激情的年轻人凝聚在了一起，同时也给阳光大学带来了一股清新的活力。

年轻人的创新能力是不容小觑的。记得当时我拿了一套 Lominger 的能力卡片给"京城名流"中的小尕看，问她能不能组织大家用业余时间学一学。不承想，小尕同学居然用微信群开始讲能力卡编故事，不但自己带头讲还发动团队里的小伙伴讲，后来扩大到整个人力资源板块的小伙伴，再后来甚至一些业务部门的同学也来到了"卡片课堂"。在每周定期的几个晚上，由大家分工各讲一个以一条能力为基础的管理故事。虽然有时讲的内容有些不全面，但还是帮助大家理解了能力是通过哪些习惯性行为表现出来的。"京城名流"的小伙伴把整个群里的学习氛围也弄得热热闹闹，高潮迭起。很钦佩小尕同学拿一张张卡片就能组织大家学习，直到完成了 67 张能力卡片的学习（67 堂课）。这是阳光大学线上业务的雏形。

随着"啊金融名流"的形成，其他一些同样是 80 年后的同事也组成了一个专门以读书拆书为主要活动内容的小组织，他们有一个非常好听的名字叫"空谷幽兰"。他们开始关注读书、拆书的方法，在微信群中分享一些好书内容。原来企业内部有一个规定，就是在周一早晨要求全体干部员工开晨会，原来只有唱司歌、企业文化学习、新员工介绍等环节，后来在阳光金融城职场，阳光大学"空谷幽兰"小组每周都会分享一本书。"分享一本书，让你爱上书"成为他们的行动口号，也为阳光大学打响了一个学习品牌。

这种跨部门的非正式组织为同事之间的跨部门合作打下了人际基础，让同事之间能够活跃地交流。2016 年我们在所有项目中选择了一些大的项目，竞选产生项目经理，以一个部门为基础组建跨部门的项目小组（如阳光夜校项目），平常非正式组织的活跃起到了一定的作用。

TIPS

许多 HR 和学习与发展工作者希望自己企业的每个岗位都能够建立岗位任职资格和能力标准。而业界有几种通用的能力标准也应该了解，比如 Lominger 能力标准，以及一些知名人才发展公司自己的通用能力标准，都值得我们借鉴。

▶ 晒"豪宅"

正式搬入漂亮的阳光大学后，欧式的建筑及庭院时时让人沉醉于建筑之美，徜徉在走廊、花径、树林间，让人心旷神怡，这样的工作环境真是太好了。阳光大学可以说是国内最美的企业大学之一了。

随着正式的入驻，我们也开始大批招兵买马，招聘工作的进度比想象的要有挑战。首先是工作地点在北京东面，对许多人来讲要穿过整个北京城来工作，显然不现实；其次是市场上面对企业大学这样的企业内部专业机构的适合人群不太大，有许多人来面试时很积极，但是专业经验实在太缺乏，绝大多数并不合适；接着是有从外企和大型企业来试试的，还不具备来民营企业工作的心态；

最后是有部分应聘者对金融行业的福利薪资期待太高。只有来到民营企业才知道招募合适的人员有多么不容易。

在这样的招聘环境下，我们开始发动朋友圈的力量，各种宣传各种晒，让更多人了解阳光大学，帮助我们吸引到优秀人才。我们几乎把朋友圈用到了极致，比如早上上班，看看从朝阳门到物资学院地铁站用多少时间，因为是逆进城的上班人流，相对地铁比较宽松，经常还有座位。因为上班远，可能在家来不及吃早饭，我们就一起晒晒阳光金融城餐厅里的早餐，比如鸡蛋夹饼、土豆丝卷饭、疙瘩汤、煎饼果子、油条、各种馅的包子、各色的稀饭、多品种小菜等。我们的餐厅太给力了，所以一定要把这种优势用在招聘宣传上。每每我们发出阳光金融城早餐，都能引来朋友圈中的一阵垂涎，当然不知不觉中，也给大家留下了阳光大学的美好印象。

在朋友圈中给大家留下最深印象的是阳光金融城有特色的建筑和雕塑。阳光城的建筑是红色的，在北京蓝天白云的天气下，特别隽永伟岸。我总爱在不同的天气下拍摄不同角度下的阳光城，在春花烂漫的花朵映衬之下的，在雪花飞舞中的，在朝霞照射下的，在夕阳余晖洒下的……阳光城有几组与建筑欧式相匹配的雕塑，在不同背景下，这些雕刻就是没有声音的音符，流淌着艺术的力量。我喜欢早早上班，在清晨的阳光中拍下"曦日"女神的身影，在蓝天和红砖的映衬下，女神只争朝夕的矫健身影动人心魄。每每我将精挑细选好的照片，第一时间发在微信中与朋友圈中的朋友共享，有时只恨自己的摄影技术还不够好，不能更完整地向大家展示阳光金融城的美好。

我的朋友曾经跟我开玩笑，说我经常在朋友圈里晒"豪宅"的做法过于土豪，我笑着说有好东西好景色应该与大家分享。我们软植入式的广告是吸引人才的手段，相信大家能理解。民营企业的成长比我在国有企业时想象的要更困难，所以请允许让更多的民营企业发出自己的声音、展示自己的风貌。

在我的带动下，我们阳光大学的小伙伴，经常各种晒，各种得瑟，更多的人开始关注这所新成立的企业大学。

TIPS

　　培训人群社交广泛，利用好朋友圈宣传办学理念、创新产品、人文环境等都是品牌宣传的好方法。这种社会圈宣传发动手段也是我们在培训业务的拓展方面常用的，它对培训人来讲应该是驾轻就熟的。

寻找付费客户

　　除了安排一些企业内部统一的计划内培训外，我们还一直想从内部寻找一些稳定的事业部或部门客户，也就是阳光大学的计划外项目及客户。这些客户虽然在企业内部，但我们希望能用市场规则合作，虽然价格可能只有市场价的几分之一，但我们渴望在这样的业务中体现大学作为一个业务主体的价值。第一批客户我们从两个方面展开培育工作。一是对一些阳光大学已经正式使用的产品，进行版本迭代，直接向各分支机构推广，尤其是领导力与管理类的培训产品，适合用这种方式进行推广，比如在集团 120 位两个层级的新提升干部项目中用的"人在旅途"课程，很获好评，我们马上进行案例和设计优化向省级公司推广。另一种是纵向推广，在一个事业部或大的部门内部进行培训项目的设计，比如我们为财务共享中心、寿险网电销中心都曾设计过这样的培训产品，从管理类培训到工作坊都有。

　　因为不同渠道产生的客户使我们的结算方式也变得多样起来，第一类是我们代表集团培训职能设计和交付的培训项目；第二类是由事业部或省、地市公司发起的培训，由我们来设计和交付的项目；第三类是我们在企业内部自主招生形成的计划外培训项目。第一类项目主要是梯队培养项目，尤其是部门负责人以上的干部，集团部门以及各子公司总部新员工培训等。这类项目由集团总部年度预算直接拨付，只需走一个财务审批和财务报销流程既可。第二类培训是任何事业部、机构想做的培训恰好我们也有能力提供，这类项目直接动用事业部或机构的费用预算在内部结算完成。第三类培训是学习意愿高的员工个人报名并经直线经理同意的培训项目，由大学提供凭证，由财务直接从各部门培训预算或管理费用中扣除。

三类培训中涉及不同的内容、主题和开展方式。第一类项目侧重企业发展的战略重点，从实现战略的组织能力和梯队培养的角度来设计项目，在第一类项目中不可缺少的是高管的参与。第二类项目是由参加第一类项目后感受比较好的某部门领导发起的，这类培训的主题更加聚焦，以解决具体的能力缺陷和绩效提升为主要目的。这类客户容易出现在业绩特别好或特别差的部门中，优秀领导长期关注队伍的能力，而业绩差士气低落的团队想借培训为扭转颓势的手段，区别不同类型的部门用的培训设计思路是完全不同的。对第三类客户，应该开发职场"必杀技"爆款产品或引进一些经典个人能力提升课程，往往能收到很好的招生效果，受到广大爱学习的小伙伴的喜爱。

针对这样不同的客户群，与每一类项目的决策者讨论培训的方式方法是不同的。例如，向领导汇报的是第一类培训项目，重点向各事业部及部门大佬推销的是第二类培训项目，向小伙伴们推销的第三类项目则应该广泛采用电梯口的海报、朋友圈的招生二维码等手段。

在寻找客户、真正的付费客户时，我们不得不思考的是谁是客户、谁是用户、我们的价值主张是什么、我们影响客户的方式和渠道是什么、我们重要的资源有哪些、成本与业务收入由哪些构成。在这样的思考下，我们可以走出培训专业的小圈子，忽然发现许多事情都可以干、都值得干。这些思考对大学的建设和进化都格外有意义。

向内部客户收费对培训业务来讲是一个里程碑式的变化，它对培训经理是一种倒逼式的管理，他们不得不思考什么业务可以卖钱、为什么回头客很重要、什么产品更受欢迎。只有把自己当做乙方，才能收获业务营销成功的喜悦。

第二次集团工作会

在阳光大学挂牌半年后，我第二次参加了集团的工作会，从上次的看客到这次会议已经有一年的时间。随着大学建设的深入和许多培训项目的运营，我对这家金融保险行业的民营企业的理解更多了一些。这次工作会与传统的会议并没有什么不同，由董事长和总裁的大会讲话和集团、子公司总部的分组讨论构成。会议组织者要求由大学组织集团总部的讨论活动，希望能用有效的方式深入研讨董事长的讲话内容。

经过考虑，我建议采用战略解码的框架来帮助大家思考和讨论董事长的讲话与每一板块工作的连接，真正帮助大家将高大上的战略要求与各自所在部门的具体工作目标紧密联系起来。从设计逻辑上看，这次研讨会应该说是很完美和专业的。研讨的步骤是这样的：首先根据董事长讲话内容将集团公司的战略焦点列出来；其次请大家分成小组讨论每个战略焦点之下应该有哪些重要战略举措，再把各个小组的意见进行归纳总结，形成最终的战略举措；再次分部门看看自己对应这些战略举措所起的作用是什么，是主要负责、支持、参与、资源提供，还是监督；最后将战略举措和各部门所承担的角色分别列于一张大表的纵列与横列，一张从战略到执行的作战图便清晰地呈现在眼前。每个战略焦点战略举措能否被执行、每个部门是肱骨之臣还是无关紧要，全部拆解得清清楚楚。

表格呈现在眼前时，给不同的人带来了不同的震撼。相对一些运营更高效的企业，眼前这张表格显得很弱小，也就是说，每个战略举措的负责支持团队都不够强大，同时各板块和部门的交叉协作又很少；越是前端市场的部门对工作的思考越主动、越清晰，相对后端支持性的部门对工作的思考越被动、越模糊，甚至不清楚。有些资源掌控部门消极被动的态度引发了相关部门的不满，甚至诟病。当然，也有人说不要太认真，一切都是领导说了算。当天研讨论会董事长和总裁都不在现场，结果又会怎么样？这次研讨会在新奇中开始，在争论和失望中结束。

在这次研讨会上我们进行了数据汇总和分析，并提交给领导。这次研讨会对我是很有触动的，企业大学到底能为企业做些什么？我们不仅需要科学的管理知识和方法，还需要改变学习的文化，让企业更开放、更创新、更包容、更平等的文化。如果没有这些，再先进的管理理念也无法落地和生根。文化从哪里开始？最应该开始的地方就是会议室、工作交流现场，这也是后面我一直想开发一些适合民营企业用的会议方式的初衷。

TIPS

企业大学要主动参与一些战略讨论类活动。只有这样，才能更深刻地理解所在企业，发现战略落地中的瓶颈、运营中的短板和组织能力的不足，才能在更多的项目中发挥具有战略层面的作用。

大学之路

阳光大学专家组成员沈拓老师说："企业大学之于企业应该是组织变革的引擎、赋能的平台、创新的接口！"

企业大学去践行自己的使命时，不仅是传播知识、信息和思想，更重要的是实践，是经过理论武装后的实践。我们要先将自己打造成企业内部先进文化和生产力的代表。

▶ 文化的雏形

阳光保险是一种创业型企业文化，这是我内心极尊崇的。在阳光大学的筹建过程中，是一种创业精神和使命感一直激励和鞭策着我。然而对在职场上还年轻的同事或对创业本来就理解不多的小伙伴，创业精神在实践中、在一所企业大学的建设实践中却显得很难下手。

第一年年末，有一位在大学筹建组工作五个月就辞职离开的同事请我吃饭。她是一位海归金融学硕士，是一位非常有工作热情的小伙伴。我特别想知道当初她为什么离开，就欣然赴约。虽然我们在一起工作只有五个月，却一点也不影响我对她的判断，她是一个怀揣赤子之心的人，用文青的话说是那种有梦想的人。在我们的见面中，我终于放下了当时在最需要证明能力时却有员工离职的羞愧和恼怒混合的情绪，平静而真诚地听她说一说辞职时的心情和我不知道的故事。

她告诉我的事情是我没有想到的。她告诉我，在筹建阶段，我们面临着企业内部的种种障碍，方向不明确，也没有强有力的支持，有的只是企业内部的旁观和评价。这时她听到旁人介绍一些非正式消息，让她觉得即便我在企业大学建设方面有丰富的经验也未必能在这里成功地建设一所企业大学。知道太多负面消息对一个不能承受负面消息的人来说，那无疑是一种天大的压力。压力之下她对大学的建设做了悲观的预测，于是她选择了离开。她说看着今天我们终于把企业大学建设起来了，而且一天比一天好，她很为我和团队小伙伴感到高兴。

这顿饭之后，我好几天都陷入在思考中。在人来人往的企业中，怎么才能让更多的人在愉悦的心情下工作，让大家对我们的工作充满信心，让人心凝聚是我必须努力做好的工作。我们必须有一些共同的行为准则，让自己、让同事、让客户都能感受到这种氛围，这就是我们真实的文化，每个人都相信、都践行。

适逢大学年底总结表彰会，那是我这辈子开的最简朴的一个表彰会，同时也是特别关注团队凝聚力和文化的一次会议。我们创业格言的具体行为要求应该是"以创业拼搏为荣、以怠工散漫为耻"、"以服务客户、助人成长为荣，以故步自封、停滞不前为耻"、"以理论与实践相结合、不断精进专业为荣，以懈怠讨厌学习为耻"、"以团结协作、弘扬正能量为荣，以传播小道消息传递负能量为耻"，之后我们又把这几条行为准则画成漫画海报贴在我们的会议室，时刻提醒我们每个人的言行。

从那一刻开始，我越来越清醒地意识到，团队文化尤其是工作文化对我们的意义重大。这时，阳光大学的软装也开始逐渐体现我们的文化和价值观。在大学入口处有一幅巨作，是一面红砖的墙上，有一个大大的洞，从洞中刚好可以看到阳光金融城的全貌。这幅画称不上有多精美，但它却是一种态度、一种价值观。这幅画的名字叫"洞见"，意思是："我们秉持洞见的态度，关注企业发展的全部，今天和未来！"再往里走，在一整面侧墙上，依然是欧式风格建筑的背景，有一对大大的3D翅膀。我们把它称为"赋能之翼"，这是受《重新定义公司》中插图的影响，我们工作的意义要么是为他人插上翅膀，要么是自己在空中飞翔。我特别喜欢这幅画的意义，寓意我们要为组织提升能力、为他人赋能而努力，同时也希望我们自己能插上理想的翅膀。后来这里成为阳光大学一个标准的参观摄影点，来访的嘉宾都喜欢在这里为自己插上一幅栩栩如生的翅膀，甚至有些人还以此为微信的头像。

我们还将一些在拐角的位置装饰成为"羊圈"和"空谷幽兰"会议室，让这些有我们自己特点的文化饰物无时无刻提醒着我们，我们将要成为怎么样的企业大学，我们会用什么样的方式工作。

附：

在大学表彰会上的讲话

2016 年 1 月 29 日

各位同事，我们共同走过了 400 多天的创业历程，在这中国人传统的辞旧迎新的时刻，我代表大家做一个简要的工作总结。

在阳光大学成立的第一年里，我们团队展现了很好的团队风貌与气质，得到了企业内部的认可和企业外部的关注。主要有以下几个特点。

- 拒绝平庸，着力创新。在筹建初期较为艰苦的条件下，环境和资源有限，筹建工作的进展相当不确定，我们团队能够以创业精神为激励，创造性地开展工作，并取得了一定的业绩，在新兴的企业大学中是不多见的。一年中我们线下课程开发有突破，线上活动有创新，管理方式有探索实践。

- 自强不息，对标一流。一年中我们初步改变了原有封闭的视野，向业界优秀的标杆看齐，快速在内部建立了影响力。不断提升专业能力，用专业服务企业发展已经成为同事们的基本共识。最近我们已经得到消息，我们"人在旅途"项目已初入选《培训》杂志优秀培训项目入围名单。这当中无论是原有阳光同事还是新加入同事都同样起到了推动作用。

- 团结合作，齐心协力。我们是一个小部门，人不算多，业务量不算少，如果按严格的岗位职责划分，自己做自己的事，可能 2015 年我们许多事都做不成。比如，我们 1 月组织 240 人七期新人班，能标准统一高效地完成，离不开大学内数个部门的协同配合。比如大家熟悉的张洪洁同学，是在参加大学筹建参与工作部门最多的同事，无论是主持工作还是配合他人工作均体现出良好的协作精神。比如小尕同学，一直兼职担任着我们账务处理的工作，很繁杂琐碎，从不抱怨。

- 创造价值，服务至上。为客户提供优质的培训课程和服务，许多培训都是从初期满意度不是那么高但能不断迭代改善，比如新员工、阳光面试官等培训。教学助理团队发挥了重要的支持作用，比如吴姣同学一开始手中兼做了大量繁杂工作，她都能按时保质地完成；比如徐唱同学所带的班级，学员就专程来口头表扬，这些都给初建的阳光大学赢得了阳光。阳光大学的建设需要你们！

这些成绩的取得，是我们在座的每位同事共同努力获得的。同时感谢我们刚刚组成的干部队伍所付出的努力！在这里向大家表示衷心的感谢！

新的一年已经开始，趁这个机会，我也提几点大家共同努力的要求：一个团队的文化决定着它是一个什么水平的团队。在阳光保险进步和责任的文化引领下，我们也定几条行为准则：

- 以创业拼搏为荣，以怠工散漫为耻；
- 以服务客户、助力他人成长为荣，以故步自封、停滞不前为耻；
- 以理论与实践相结合、不断精进专业为荣，以懈怠讨厌学习为耻；
- 以团结协作、弘扬正能量为荣，以传播小道消息传递负能量为耻。

今天的阳光保险正处在业务快速发展、战略不断迭代创新的时刻，只有企业快速发展才真正需要培养大量优秀的人才，阳光大学身逢其时，值得我们以创业精神为激励，大有作为。

新年要到了，从明天起开始陆续有一些同事休假，在这里一并祝各位同事及家人新春快乐！家庭幸福！

▶ 开发战略和文化课

在阳光就职后，一直想查阅一些关于企业战略的正式资料，可是找了许多相关内容都觉得不全面，同时感觉到企业文化的版本也已有些不适应当时企业的发展。想来也可以理解，一个正在快速发展行业中的快速发展的企业，它的战略可能还在发展中逐渐完善，文化也还是形成后的锻造期。所以当时我不断问起周围的同事甚至下属关于企业的战略和文化的问题，回答都是比较模糊的。

对一个成立只有几年的企业来说，有企业文化正式表述是很好的，这时的企业文化课程还只停留在宣讲与个人解读的层面上，通常只是泛讲企业文化定义、概念和一些内部培训师个人的解读。刚入职时我旁听了一次新员工培训的企业文化课，记得黑压压地坐了一屋子人，现场没有互动，也没有讨论，印象比较深的是上完课之后的企业文化考试。我相信在这样情景下的培训者、培训的组织者和被培训者都不会对企业文化有好的感受。

直觉告诉我，这里面可以做一些什么，可以发挥培训工作快速正式传播的优势。当时我就在考虑能不能开发企业正式的战略文化课，告诉新加入的阳光人，我们在责任与进步的企业文化，我们是在怎样的战略蓝图下工作的，这些与我们阳光人的未来是怎样连接的。

我们一边与战略发展部、企业文化部沟通，一边访谈一些高管，开始着手开发我们自己的战略文化课。在这个课程中，我们让更多的人参与进来，我们专门拍摄了录像，让更多的"老"员工来告诉新阳光人，这是一家什么样的企业。同时我们还将许多金融及互联网企业的案例拿来讲解在激烈的市场竞争和行业发展趋势下，阳光的战略选择。在文化的诠释中，更多地用阳光人的故事和阳光文化关键词的讨论来加深每一位听众对阳光文化的理解。

为了让这个课程传播得更快，阳光大学领导力中心组织了多期阳光战略文化大使的认证。大使的候选人由各子公司人力资源部推荐 S 类干部（部门负责人或省级机构班子成员）。认证课的作用有两个：一是让大使们正确理解阳光战略文化课的正版内容；二是让大使们的讲课技巧更熟练。一开始大家都觉得这是一个非常有政治特色的课程，可能创新、趣味不足，但实际的运营效果却让我们大出意外。经过几批大使的认证，我们形成了一个覆盖面达 40 多人的大使团队。他们不仅将这个课程带到了新员工培训的课程上，还将它带到了基层员工全员培训上。有些大使甚至将它的内容讲给我们保险代理人团队听。2016 年听过这个课程的员工达到 8 000 多人次，包括集团总裁室在内的许多中高管都参与过这个课程的讲授。

有一次，一位省级机构准备在业内挖角几个销售队伍中的总监，在他们最后的犹豫期，机构领导非常有智慧地带他们来北京总部和阳光金融城交流，感受一下阳光的实力和企业文化。他们向阳光大学提出了一个请求，希望大学的老师们能带他们参观一下，同时给他们讲授一下阳光的战略文化课——"蜕变，成就更好的自己"。这次参观和交流后，那几位总监坚定地选择加入了阳光。这件事给了大学小伙伴们很大的信心，我们在支持企业成长和发展！

TIPS

企业大学要成为企业战略和文化传播的最强渠道，有些企业大学要开发一些课程却不知从什么主题开始，我建议首选应该是战略和文化课，它会拉近大学与企业的距离，强化企业大学的使命感。

从积分制到绩效管理手册

不论在什么企业中，如何计量和评价每个人的业绩贡献都是一个正式组织不能回避的管理核心。从长远看，一个学习与发展部门不可能依靠个人学习动力或创业精神驱动持续创造一流业绩。同时绩效管理又是把双刃剑，如何避免因为过渡绩效管理导致团队及个人的工作缺乏创新的激情和适度的灵活性，这个问题也是阳光大学创建过程中始终调整和优化的一个工作。

刚刚开始筹建阳光大学时，各项工作都是尝试性开展，同时因为团队正在初建阶段，工作分工还很粗放。如何能适应这个阶段的绩效管理呢？我们的工作是阶段性工作与临时性工作相结合，对每个人每个小组几乎是没有绩效考核的。考虑到是在筹建企业大学，学习与发展部门的能力准备也是非常重要的，所以当时就引入了我曾经应用得非常熟悉的团队积分制来考察一个工作小组或一个人的工作成效以及对未来工作能力的储备。

积分制将主要工作及核心能力分为几种：带班、出差、项目工作、原创文章、学习分享、跨团队协作、其他加分、扣分等项。为每个人及每个工作小组记上不同的工作量及赋分，鼓励大家主动选择自己擅长的、赋分高的挑战工作来承担。积分制在当时没有绩效工作基础的情况下，为大家明确了一种绩效导向同时又不过于僵化。小伙伴都很重视自己的得分以及为自己的工作小组赚到了多少分，还有不少小伙伴来跟我讨论应该怎样对不同类别工作赋分才更公平。当时大家非常重视自己在有限的工作时间内怎么能更"高产"。

随着大学的组织架构不断优化完整和许多业务团队的负责人纷纷到岗，我们工作的复杂度与丰富度不断增加。而原来企业的绩效管理基础是比较薄弱的，没有明确的绩效目标，缺乏系统的绩效辅导，缺乏对绩效结果即时的评价。经过思考，我觉得绩效管理工作还是要重回经典的管理方式。我们为每个人准备了一本绩效管理手册，由个人提出每月绩效目标，经过直线经理同意后正式成为月度计划。月末个人先根据工作完成情况填写，再由直线经理填写绩效完成情况考核意见，同时指出个人优秀实践和绩效提升建议。要求直线经理直接以月度绩效面谈的方式向员工本人反馈。以上这些是绩效管理的最基本动作，但把它认真地落实好也并非易事，尤其是在整体职能或管理部门的绩效管理都比较模糊的背景下。

当然，做好这些基础工作的一个原因是大学管理工作本身的需要，另一个更重要的原因是我相信在不远的将来，我们将作为科学管理方法的传播者，那一定需要我们自己有践行的管理实践才真实、有底气。对直线经理而言，在这样的日常工作不断重复中，才能真正思考员工的能力是怎样培养的，以及工作目标与工作时间如何合理匹配，将来这才是我们课堂上的生动背景，我们的小伙伴才能在课堂和项目中真的充满自信。

TIPS

绩效管理培训是企业大学产品菜单中的必备品，提升直线经理的绩效管理能力不仅是找一位培训讲师就可以了，除了绩效体系和要求外，还需要有内部绩效管理的文化和实践，企业大学需要在这个方面有信服力的管理实践。

▶ 项目经理和对赌机制

阳光大学的部门划分是以客户群为基础的，这样的组织架构的好处是对客户提供服务时界面简单。大学可以为不同属性类别的客户提供从需求梳理、分析、开发、交付一揽子的端到端服务，中间流程清晰、接口简单，客户会觉得沟通只需一个接口很方便。但坏处是内部资源复用和团队间协同有一定的挑战，可能不同的团队要开发相似的模块，如果没有很好的沟通会造成重复开发，在资源上会形成浪费，同时也不利团队的成长。

随着项目越来越多，为了能够保证大学一些重要项目的开发和交付，同时也让团队学习成长得更快，我们挑选出一些大学级项目，举全校之力确保这些项目高质量交付。2016 年我们选出的大学级项目有三个：一是战略文化传播大使项目，二是阳光夜校项目，三是绩效提升项目。当时，我们在整个大学招募项目经理，再由项目经理确定项目成员。有些项目直接由部门负责人担任项目经理，而有些则由骨干员工担任。全大学的成员都可以自由报名参加一些项目，由项目经理进行成员的筛选和确定。一时间大家情绪高涨都想去参加一些自己感兴趣或特别想学习的项目，连我们学习服务中心的派遣制小伙伴，也来问可不可以报名。这种双选机制也让大学里每个人的个人品牌得以彰显。例如，你的专业水平怎么样？能不能与他人友好合作？别人愿不愿意带你一块玩儿？这次选择的力量带来的是阳光大学的团队建设、合作精神的一次升华。

为了能让项目的质量在目前能力水平下做得最好，我们还在大学级项目中采用了对赌机制，就是项目经理必须拿出一定的钱作为项目失败的抵押金。如果项目效果达到预期标准，大学将奖励给项目组双倍的奖金，由项目经理分配。这样做的理由是，大学把一些重要的业务机会交给了项目组，除了投入了宝贵的资源，同时也将我们最佳的业务机会交给了项目组。如果项目失败，大学损失的不仅是资源、品牌口碑，还有业务机会窗口。这样的做法当然给了项目组不少的压力，同时也让项目组感受到这是一场半市场化的PK，大家对这些项目的重视程度前所未有，也让专业精神在阳光大学得以弘扬。

这些项目在全年的运营中有一些对需求把握准确，精心操作，大胆尝试创新，取得了意想不到的成绩。例如，阳光夜校项目就做成了一个在企业内外部都很有影响力的项目，项目团队因此充满活力。经过这一年，总结以往数年培训项目的成败教训，企业大学或学习与发展部门作为一个专业部门，采用项目制运营效能要强于传统的科层制行政管理模式，而项目制管理要建立流畅的运营机制和激励机制，长此以往对凝聚团队、鼓励协作、提升专业能力都是非常有效的。

TIPS

企业大学内部要解决活力的问题，形成人人想参与项目、开发项目的氛围，而不是一有事就找供应商。提升活力的关键是要解决为谁干的问题，要想方设法承认参与者的专业贡献，让他们个人品牌和个人利益方面获得公平的收获。

阳光夜校的偶然与必然

一直到 2015 年年底，我们的线上业务都没有什么大的起色。除了一些要求新员工观看的线上纪录片和课件外，就是一些业务单位要求的线上考试、零星地在朋友圈做一些微课和招聘广告。

直到有一天，有外部平台来问我要不要在内部微信群中加入语音直播一位著名心理学家谈幸福生活的主题。我抱着试试看的心态说那就试试吧，当时的想法就是反正也没有什么坏处，看看我们内部对这种非正式的线上学习是否能接受。

要感谢阳光大学互联网与综合金融中心的小伙伴们，面对这样一个临时性的工作任务，他们还是尽力做了内部广告宣传，并在最短的时间内成立了几个500 人的微信群。当时没有任何微信群直播运营的经验，只是凭着感觉在做。没有想到的是，这次语音直播得到了企业内部非常好的反响（当时微信语音直播还不那么泛滥），一下子拓宽了我们在这种业务方面的实践经验。适逢那时企业管理层提出业务价值管理的主题，在一些高管的会上不断提及，但还没来得及大面积去宣贯，我们就想能不能让 CFO 来微信群中讲一讲呢。好在阳光领导从来不拒绝创新的机会，虽然 CFO 是一位资深管理者，但还是勇敢地接受了这个任务。在开播前几小时我们还专门去他的办公室跟他一起讨论晚上语音直播的流程和注意事项。其实，当时我们也没有套路，只是凭直觉。我们建议他找一个年轻助手帮助他在群中适时地发几张图片引导大家收听的逻辑。虽然对这种新授课分享模式有些手忙脚乱，但当天的微信群还是气氛特别活跃，许多内部同事都想来试听一下，再加上阳光财务条线也是一个非常有凝聚力的部队，一听说自己的老大要在微信上讲课，纷纷捧场。在 CFO 为时一小时的课程结束时，各个群中都出现了一串串给分享者的打赏红包（我们规定打赏红包必须小于等于 6.6 元），这个势头把我和小伙伴们高兴坏了。从那个时候开始，

67

我们就把这种业务模式正式命名为"阳光夜校",学习口号是"阳光夜校,晚上也有阳光"。

一开始我们的困难还在于由谁来进行分享,有些人表示对着手机和电脑是没有情绪的,讲不出来,拒绝了这种分享模式。但许多业务机会总是在拐角处柳暗花明又一村。当时我为一个空降经理班上课,在课程的互动中了解到空降高管中有许多背景和能力非常牛的"大咖",这些从知名大企业或外企来的高管还在刚刚空降的"懵圈"状态,苦于很难打开局面。例如,其中就有一位来自全球知名软件公司大数据方面的专家型领导。当时我们就为他出主意,能不能在阳光夜校中做一些金融数据的应用及案例的普及讲座,不仅满足了我们普及新业务知识的需求,同时也提高了他在企业内部的知名度,便于与其他部门协作。他听到这个建议后兴奋地一口答应。事实证明,他果然是这个方面的老司机,全套资料新颖活泼,连续两次到阳光夜校分享金融行业大数据应用。许多同事都想来听听为什么金融行业忽然这么重视这个领域。直播课程后企业内部真是天下无人不识君!这时我还接到一个私信,是我们内部另一家数据公司负责人发来的,给我建议他们团队的技术和项目也不错,要求来阳光夜校介绍一下。耶!真好,阳光夜校一下子变成了大家看重的专业知识、业务信息的传播平台。

后来,阳光夜校的发展趋势远超我们的预期,线上业务终于找到了爆发点,非正式学习也终于找到了好的载体。从2016年下半年开始,阳光大学的线上与线下业务的结合、正式学习与非正式学习的结合进入了新的阶段。运营团队在这个项目上做了许多创新和努力,他们是阳光大学中最有互联网范儿的小伙伴。尤其是以项目经理小金同学(又称金会计,江湖人称辣手摧花)为代表的运营团队,时刻都有忧患意识,不断自加压力,迭代创新,在项目的运营中展现了阳光所提倡的"农民心态、工匠精神"。

TIPS

线上业务活跃开展的技术因素是次要的，主要是在运营上下功夫。我不建议把自己的线上业务运营全部外包，这样只能保证线上有内容，却不能保证线上有熟人、线上有社交、线上有好玩的业务故事。线上业务还要发挥大家来参与，有参与才有认同。线上业务要打造内部的"网红"，人格化的代言者让一切都变得鲜活生动。

▶ 微课大赛

阳光大学开业之初就是一所开放的企业大学，这让我们受益很多。例如，2015 年第一届中国微课大赛的决赛现场就放在了阳光大学，让我及小伙伴们认识到，对比一些已经有了充分实践的企业，微课作为一种企业内部知识传播、营造非正式学习氛围的重要载体，我们真正的关注已经有些晚了，我们要迎头赶上。

2015 年年底，我们自己的第一届微课大赛就在酝酿中了，当时最挑战的问题有两个：一是我们自己的微课制作技术还比较初级；二是如何能吸引更多的企业内部"高手"来参加。当时还在互联网与综合金融中心工作的祁祁老师被任命为这个项目的项目经理，相比在几个月前结束的第一届"九月登高处"阳光好讲师大赛，这次微课大赛的举办难度要更大一些。

祁祁在她的直线经理小叶子的全力支持下，拿出了细致且完整的大赛组织计划。在我们讨论方案时，为了避免微课大赛比较重技术而忽视企业内部的优秀工作经验沉淀这个容易出现的问题，我们把这一届的微课大赛主题命名为"成功之道"。为了能鼓励更多业绩优秀的员工参加，我们与集团人力资源部共同

69

发出通知，要求各部门要动员业绩优秀的员工参加这次微课大赛，同时也告知各部门阳光大学会提供大家学习的机会，边学边赛，打消了许多人的顾虑。

当然，只有通知是不够的。祁祁他们在这方面做了细致认真的组织工作，他们发动了各子公司及专业条线培训管理员的积极性，第一步形成分片区的分赛区，由各业务条线来人力资源部先动员自己所在事业部的员工参加，鼓励大家报名进入初赛；第二步由阳光大学在阳光夜校组织了几次大的微课技术学习讲座，并辅导大家制作一些初赛作品，一步步强化大家的信心；第三步是确定复赛名单，从制作技术和内容设计两个方面来选择进入半决赛的选手；第四步是根据提交的复赛作品选择优秀选手进入线下辅导班，请来业内的三大导师，让大家自由选择加入导师团队，进一步学习微课的设计和制作；第五步是决赛，我们请来微课专家对参加决赛的选手进行一对一辅导，在网上选出最后的获胜作品。

经过这样层层精心的组织，每一步都是项目组发动七大赛区，共有1854人报名初赛；经过阳光夜校的9次线上辅导，学习人次过万；收到初赛作品896份，其中优秀作品32份；对能够有资格进入复赛的349人，再提供6次线上辅导；确定81人有资格进入三大导师线下训练战队，对复赛中产生的213份作品进行打磨和优化；最终进入决赛，导师一对一辅导，所有作品需经过网上投票评选，选出最佳微课作品。当我去参加决赛颁奖仪式暨最佳作品观赏时，真的被我看到的形式多样、设计精巧、特别好玩的微课作品"惊艳"到了！我也一时技痒，在UMU上做了几个小微课，"暖暖姜茶三分钟"系列，帮助在中层和高管当中宣传微课。

在这次微课大赛中，阳光大学收获颇丰：一是在企业内传播了微课这种新学习技术和知识传播手段；二是挖掘了企业内部成功的工作经验，更好地为金融保险客户服务；三是把许多特别活跃的年轻人变成了阳光大学的粉丝；四是阳光大学也涌现了自己的微课专家，更符合企业的需求。我们也因为这个项目在业界赢得了不错的口碑。

可能在以后相当长的一段时间，微课都是培训人的一种重要工具和技术。不仅我们自己会做，还应该教会业务骨干会做，微课不仅给我们的管理人员和员工看，还应该给我们的客户。所以微课在企业内部系统性地发挥作用还要有更深入的实践。在这一届微课大赛结束后不久，祁祁就受命去组织一个新的部门——核心能力中心，基于微课的更深思考和实践已经在酝酿中了。

TIPS

学习技术是在不断演进和迭代的，不变的是工具，应该是为学习成效服务的。对学习者来讲，学习产品的形式和内容是一个完整的体验。在互联网+、人工智能、大数据等新技术不断推出的时代，要有足够开放的心胸去实践和体验新的技术和产品，别被趋势抛下。

是等还是先干起来

在好的商学院里，都有一个 HR 高管的项目。我一直认为这个项目很巧妙，因为在企业内部有很多时候是 HR 的负责人在向企业里的其他高管推荐学习提升项目和资源。HRD 能够先深入了解哪家商学院，就有可能为哪家商学院推荐更多高质量的学员。同时在课堂的互动中，也可以让商学院预先了解到一些企业的经营发展情况和人才情况。

加入阳光后，我发现整个集团的人力资源管理也是根据各分子公司的情况有很大的不同，对梯队培养的策略、培训与发展工作的开展情况各不相同。如何把阳光大学的业务做大做广，我也想到了可以借鉴商学院的做法，先把人力资源负责人和学习与发展岗位的同事凝聚起来，其他项目才能更顺利地在企业内部推进。

2016 年年初，我们策划了"HR 新视野"这个项目，是因为我们看到了企业的高速发展带来了人员激励、人才发展、队伍培养等方面的能力缺陷和短板。这个项目没有太多理论，主题是向优秀实践学习，从业内外选择一些优秀企业的人力资源高管，请他们用自己的工作思考和实践启发阳光的 HR 如何干好今天的工作。当时内部也有不同的声音，认为我们一定要以人力资源部门的需求为依据才能启动这个班，而受人员限制当时我们无法收集到更好的建议。我们是这样无限期地等下去，还是先干起来，不断优化和迭代？在优秀同事 Groro 加入阳光大学后，我们决定不等了，先干起来！

这个项目是以市场化报名的方式向内部招募学员的，很快得到了企业内部广大 HR 同事们的追捧。我们原来的想法是对这个项目没有太高的期待，只要大家能感受到阳光大学强大的资源聚合能力就可以。Groro 多年在一家非常优秀的领导力培训公司工作，是一名非常优秀的学习顾问，可她对工作的要求不仅于此，在这个项目中她倾注了所有的才干与热情，把它做成了阳光大学全年度最好的 O2O 项目。原来我们认为这个项目最爆点的地方应该是企业内优秀实践，但经过认真运营，却让大家在线上线下都有更多收获，获得了大家的一致好评，也为 HR 的同学们打开了一扇开放的窗户。这个项目在运营中确实有许多可圈可点的地方，同时它的设计还是迭代方式的，在分次交付中不断优化。

传统的学习与发展需求理论告诉我们要去听业务部门的需求，理解他们的需求，从而为他们设计学习产品。从理论上讲，这是正确的，但在实践中却很具挑战。因为这需要业务部门对能力提升和业绩提升有一定的理解。互联网的蓬勃发展带给了我们更多的思考，像乔布斯说的我们要发现需求甚至创造需求。今天学习与发展工作也要以产品开发的思维，主动寻找客户的痛点甚至引领客户对自身需求的思考和问题解决的思考，我们的工作才能变得更加主动。

确实如当初预料，这个项目开展后，许多由分公司、事业部人力资源部门开始向大学提出能力提升项目。我们以 HRD 和一些 BP 为媒介，搭起了与业务部门联系的又一架桥梁。

TIPS

　　好的培训产品一定是抓住了企业及学员的痛点，有时这些痛点可能连他们自己都不能准确地描述出来。除了有好的内容和实践，高品质的运营也是爆款产品的特质。企业大学中不该只有专人负责线上项目的运营，而应该是所有人都会参与线上以及线下业务的运营。

"一张纸"的启发

　　秋天的一个下午，负责企划的 W 总监来到我的办公室，她可是我们企业的大忙人。她来找我是因为有一件事想听听我的看法。事情是这样的：高管层发现在企业不断壮大后，企业的人员来自"五湖四海"，在汇报和讨论问题时，许多人的逻辑都不大一样，再加上不同的语言表达习惯，有时把一些重要项目和工作的沟通搞得很低效，经常浪费许多时间也没有说清楚。在这样的背景下 W 总监按领导的要求就提出了一个"一张纸"工程的设想，能不能把一些重要工作、项目都能按"一张纸"的思路和逻辑先进行梳理，在沟通交流和汇报时都按这个逻辑来，让大家能更好地理解和协作。

　　我问她，对于这件事目前的困难和挑战是什么。她说想让我们看看他们现在"一张纸"的逻辑，同时对这样一个新管理工具要求不知是否有好的方法来帮助落地。我看了他们准备的"一张纸"资料（见图 1），主线是干什么—怎么干—效果评估，同时在第一部分干什么中还要完善客户的需求和痛点、市场发展趋势、行业先进做法和借鉴、我们的优势和不足等信息、数据、事实分析。在第二部分怎么干中还要填写项目关键点、风险和应对、资源需求等内容。

在第三部分效果评估中还要加入创新点、后续提升方向等内容。

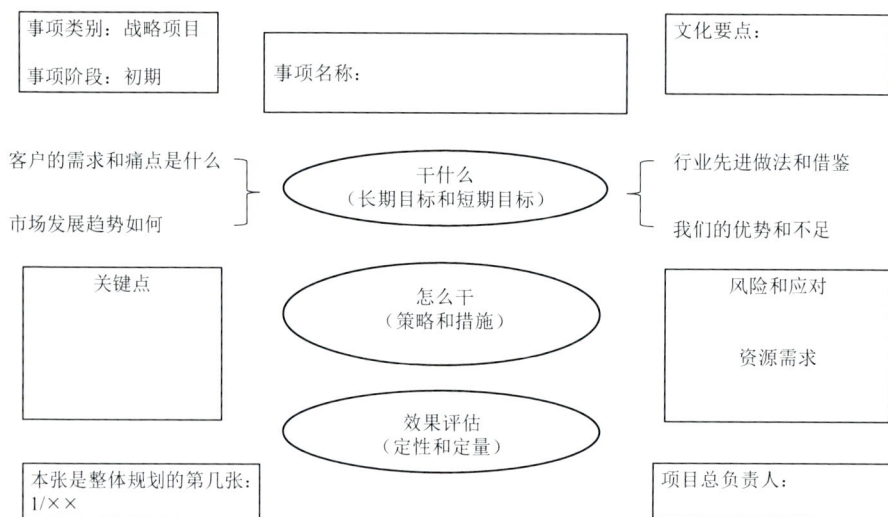

事项类别：战略项目
事项阶段：初期

事项名称：

文化要点：

客户的需求和痛点是什么

市场发展趋势如何

干什么
（长期目标和短期目标）

行业先进做法和借鉴

我们的优势和不足

关键点

怎么干
（策略和措施）

风险和应对

资源需求

效果评估
（定性和定量）

本张是整体规划的第几张：
1/××

项目总负责人：

图 1 "一张纸"资料

看完他们的初稿，我觉得相对于工具的优化，可能更具挑战的是在企业内部的共识和推广，越简单的工具，它的背后越不简单，我们要教给大家如何把复杂问题简单化的方法。

我们一起讨论了如何做这个主题培训，每一部分后面的逻辑和要求是什么，我们应该如何先在企业内部做一些不同类型项目和工作的成功案例，成为大家学习的样板，哪些人应该先成为这个工具的应用者和推广者，这样的讨论对项目的推广是十分有益的。最后我还给她建议可以开一个与以往刻板的要求不同的推广会。

很快，经过与领导的商量，我们的讨论有了确定的方案，培训方案和推广方案都采纳了我们的建议，没有想到的是，W总监告诉我，总裁亲自点名让我担任这次推广大会的主持，我知道总裁是希望我和阳光大学发挥更多的作用，同时也是对大学工作的肯定。我们与企划部策划的推广会主要是在集团及分公司中高管及业务骨干中召开的，与以往不同的是，除了最后的领导总结讲话是一样的,其他会议议程都是不同的。推广会从一个活泼的微课开始,而后是"一张纸"工程的介绍和要求,接着是三个业务部门用"一张纸"工具来介绍三个正在进行的项目,让听众即便是外行也能听明白大概。会议结束,宣传这项工作的微课已经出现在大家的工作群中,说的都是非常接地气的大白话。

紧接着就是两天骨干培训班,将这张纸每一部分的背后工具和逻辑全部统一了,同时也拿各部门正在进行的项目做了练习。特别感谢我认识多年的资深领导力及战略顾问 RUSS 赶来领衔培训,让大家感受到了工具的力量。后期,我们还整理了内部"一张纸"培训的内训师认证教材,让这样的工具可以在企业持续运用下去。

TIPS

企业大学的开发人员应该多学习管理工具,工具是我们与业务部门合作的抓手。对培训经理来讲,你不可能比业务部门更知道业务的情况,但工具的威力可以让我们成为业务部门的好帮手。

▶ 进入寿险营销培训

在保险业有一个非常有特色的业务培训就是寿险的营销培训。寿险销售可以说是销售美好愿望,销售的标的除了金融属性外更多的是一种无形的认知。从国内改革开放后保险行业重新恢复并大力发展开始,国内的寿险业务发展就借鉴中国台湾、中国香港及东南亚各国的经验,尤其是销售队伍的人员招募和销售技能的训练,培训在其中发挥了重要作用,所以通常一家寿险公司对销售培训是非常看重的,我所加入的阳光也不例外。当时筹建阳光大学时与总裁约好先不进入与寿险业务营销如影随形的销售培训领域。

寿险的销售培训是最大可能地将销售保险的意愿、保险产品知识、销售技巧和话术等必备知识技能标准化，进行高频次的反复训练通关，使销售人员在实践中促成业务。但随着社会背景和商业环境的巨大变化，一成不变的培训模式、充满成功学味道的喊口号、只知其然不知其所以然的话术培训，在业务发展上显得有些力不从心了。随着阳光大学的业务不断扩张发展，我们与许多业务条线都建立了不错的合作关系。有一次在微信群中，董事长问为什么阳光大学不能参与寿险营销队伍的能力建设？这是一个非常大的挑战，但却值得一试！

就在这样的背景下，我们圈定了两个人群，一是TOP销售人员的集中提升培训，二是寿险三、四级机构负责人培训。这是从两个方向保证了寿险销售队伍的人员能力提升。当时阳光大学团队对寿险业务是比较陌生的，我们抽调有寿险公司工作背景的祁祁和有咨询背景的舒书组成核心能力提升小组（大学内准部门）。

首先面对的就是针对250位TOP销售员的培训。在这次培训中一个重要的主题设计是成功经验萃取及复制。我们请来业界最擅长做成功经验萃取的专家，对选出的10多位销售业绩最好最稳定的销售员进行访谈，逐渐寻找出一些有特色的成功方法，又经过行业销售专家的提炼，6个活生生的提升寿险销售业绩的方法案例就开发出来了。案例去掉了个人特质因素，将可以复制的优秀做法突出出来，可以供其他销售人员学习。除此之外，刚刚成功组织了微课大赛的祁祁还专门开发了互联网时代的在线微营销课程，帮助销售人员如何加粉、如何发布不让朋友圈内讨厌的产品广告、如何开好微店。在这样的精心准备下，面对TOP销售人员的"星火计划"培训无论是从形式还是内容方面都取得了成功，在保险销售一线的大爷大妈大哥大姐们都觉得学到了非常实用有效的方法，对自己很有帮助。

250人的培训刚刚结束，阳光大学的小伙伴们又开始开发四级机构的负责人培训。这次开发的方案是将培训对象所熟悉的工作挑战场景在培训现场还原，找出解决问题的好办法和好思路，让他们一是能打胜仗，二是能带好队伍。

这样的一些业务培训实践更加坚定了团队做好一些业务部门合作伙伴的指导思想，即一定要差异化开发解决方案。业务部门能够自己做的事我们基本不插手，我们要发挥企业大学在学习技术、学习资源和方法论方面的优势，用创新的方法去解决"老"问题，同时在这样的项目中一定要培养团队更加深入地理解业务，具备业务视野。正是秉持这样务实的态度，阳光大学所做的一系列线上线下业务均得到了企业内领导和业务部门非常正面的评价。

在这些业务中，还发展了培养自己干部的思路，就是给你几个人和一点资源去打"山头"。如果能把业务做大，企业大学就成立一个部门，项目的牵头人就升任部门负责人。如果业务做不大，那么所有项目组的人还是回原部门，原来干啥还干啥。这解决了企业大学或学习与发展部门成长动力的问题，形成了个人与组织双赢的局面。

TIPS

销售培训是一个市场化的企业大学应该开设的培训项目，直接帮助一线销售人员提升业绩是对企业经营最直接的帮助和支持。让一线指挥员更具备领导力地带领队伍打胜仗，是企业的核心竞争力，也是企业大学的核心能力。

▶ 开发新的管理工具

我的经历一直让我思考一个问题，就是关于中国民营企业的野蛮成长。一方面为民营企业在条件远逊于大企业的情况下保持快速发展而感到震撼，另一方面时常会为企业各个方面所表现出来的管理漏洞和瑕疵等诸多组织能力不足的问题感到可惜。因为这在一定程度上限制了企业进一步快速发展。学习与发展工作者是应该把发展中的民营企业引上曾颇为熟悉的大企业之路，还是另辟蹊径走一条有民营企业特色的自我之路？答案显然是后者。

我特别想为我所在的企业引入更平等、更开放、更鼓励创造的工作氛围和文化，让更多的直线经理能够以更职业化的能力和态度工作，让更多员工感受到轻松奋发的工作环境。这是一个有情怀的事，但必须有接地气的做法，在民营企业别光谈概念和道理，这很苍白，能够让他人产生意愿的一定是从认知的接纳开始，最容易让认知产生变化的就是眼见为实，这个"实"就是实践后的结果。我要在自己所带领的团队中采用一些简单有效的管理方法，让业绩好、团队强。

对一个企业来说，管理工作最核心的地方是制定目标、过程支持和管控、结果达成、业绩评价，我试图让这一切工作变得简单、有效、可操作。一个企业内部的会议方式体现着企业的管理理念、管理水平，也彰显着企业文化，能不能将管理目的与会议创新结合起来，为更多部门示范一种新的接地气、见效快的管理模式？当这个想法产生的时候，我突然间觉得异常兴奋，那是创新所带来的兴奋！

我观察了企业内部的一些管理现状，有几个方面特别有提升的空间。例如，如何群策群力地进行工作讨论，如何切实有效地制定目标，如何进行项目管理，如何评价一些工作以及工作背后的人和团队。在日常繁杂的工作中，判别出什么是最重要的工作，绝大多数基础管理工作之上都可以寻找到应该投入80%精力重点做好的20%工作，而这些工作通常都可以以项目制的方式进行管理，有效的会议设计又是推进这些项目的好手段。

阳光大学的会议分为三种。第一种是周例会和月度例会，这是用来例行通报工作进度和结果的会议。周例会只要求大学中部门负责人及重要项目经理参加，月度例会是全员会议，是用来回顾一段时间以来整体大学项目和培训进展情况的会议。第二种是项目设计开发会和复盘会，这是各部门自己重点要开好的会议，在每一个项目形成开发方案时都要开这个会，根据项目不同会邀请跨部门人员参加。每一个项目结束后，都会召开复盘会，尤其是大型项目和第一次干的项目。第三种是年末年初的总结规划会，这对企业大学的业务发展至关重要。我们会再分三个会召开，一个是项目路演会，二是大学的战略规划会，三是项目开发方案预审会。这三个会是一次内部群策群力的智慧凝聚和提升，在下一篇我会着重介绍年末总结会的召开方法。

我们的实践终于慢慢赢得许多兄弟部门的青睐，阳光大学五楼办公区的战略项目解码及跟进表格吸引来许多同事的参观，大学同事们激情四射的活力也引来许多手工点赞。我们正在用自己的实践孕育和开发新的管理工具。

TIPS

不要轻视日积月累的管理基础动作，它在很大程度上决定着我们的管理效率。企业大学用扎实的基础管理、创新的管理理念管理好自己的业务和团队，是最有力量的产品广告。

年末总结会的新开法

2016年，我们经过一年的真抓实干，几乎每个部门都做出了许多不错的项目和培训，可以说是硕果累累。我们该用什么方法来总结这一年都结了一些什么果子呢？我们策划的年终总结会叫"项目路演会"，让我们用"投资人"和客户的视角再来检验那些很"热闹"的项目是不是真的好！

首先，我们要制定一个游戏规则，那就是阳光大学四个部门各出两个参与路演的项目，学习服务中心出一个项目，共计9个项目来PK，看谁更能赢得客户的认同，更能赢来投资者的掌声。我们提前发布路演模板，包括项目内容介绍、时长和发言者的相关要求。良性的竞争文化总能让平淡的工作闪出奕奕的光彩和兴趣，小伙伴们都卯足了劲儿进入到这场路演的准备中。

到路演前一刻，还有小伙伴来问可不可以给他们部门增加来路演的名额，好项目实在太多了，能不能"给我们一个机会，我们给大家展示一个奇迹"。当然规则面前人人平等，但如果有下一次，确实可以优化。例如，对路演项目预审名额，符合一定条件的好项目应该就可以进入路演，而不是用两个项目来进行一刀切式的要求，这样对优秀的团队会更有激励作用。

小伙伴们没辜负我的期望，果然端出了不错的产品：阳光文化战略传播大使项目、"晚上也有阳光"的阳光夜校项目、为寿险 TOP 销售人员定制的"星火计划"项目、绩优案例萃取项目、阳光客户培训项目、提升干部商业思维的"赢在价值"项目、1800 余人参与的"成功之道"微课大赛项目，还有学习服务中心效率提升项目、阳光大学内部的绩效管理项目，每一个都是值得认真总结的项目。我认为项目总结与其在我们自己内部，不如放在客户面前更有效果。

每一位路演发言人都只有短暂的时间，要讲清楚这个项目的客户是谁，什么是我们的价值主张，我们是怎样解决问题的，项目交付的结果和反馈是什么等。这一刻许多很有演讲经验的小伙伴也不禁有点紧张。我理解这个紧张不是技能的欠缺，而是内心太在乎此刻的客户和"投资人"的声音了。

这次会议的评价方式也有创新之处。在所有项目路演完毕，每一位客户或"投资人"不需要打分，而是手中只有三个可以"投资"的机会，要投给那些企业最需要、最有专业价值、最有成长性的项目。投票结果当场公布，然后再由这些客户或"投资人"来讲一讲自己的投票理由。对于我们的小伙伴们，这是一次重要的听取反馈的机会。这种 PK 才是来自客户和企业的声音，这才是我们要的总结效果。

负责这次会议主持的小伙伴在会后告诉我，之前在布置这次会议时她还觉得没有必要，都是大家做过的项目，都很了解熟悉了，可能没有什么意思，但结果却远远超出了她的预期，很受启发，也很受教育。深刻总结、剖析现状、扬长避短、轻装前进就是年终总结会的目的。

总结会之后，我们还用群策群力方式开了新一年的业务规划会，用专家预评审的方式开了新项目的预申报会，都非常有实效，也非常精彩。这三个会很快就被其他一些部门听说，都来打听是怎么开的，好吧，那么下一次让我们来教你们！培训需求就是在向实践学习的过程中产生的。

TIPS

所谓产品好，自己说了不算，要客户说好才是真的好。会议是企业内部最彰显价值观的场景，我们相信什么就会有什么样的言行，我们相信客户的评价是我们最重视的声音，就请内部客户和外部专家来共同开好总结会。

▶ 发展四项专业能力

作为企业大学和学习与发展部门自身的发展，是这些年来我一直关注和不断实践的主题。十几年前我从业务部门转行来做培训，有很长一段时间自己并不知道如何做好这个工作，身边也没有懂培训专业的领导和同事，弄得我很长一段时间特别没有自信，觉得培训工作只是一个会议服务的支持者，除了报名接待、通知大家在哪里上课、什么时间外出参观、什么时间用餐地点调整，最像专业工作的工作就是按课程的名称编个课表、哪些老师比较有名就把他请来，如此而已。

后来，经过很长时间的摸索，逐渐感受到企业大学或学习与发展部门的团队提升专业能力应该聚焦在以下四项。

1. 读懂客户的能力

不仅能听明白用户的话，而且能看到他们工作中的问题以及理解他们的痛点。所以对企业大学或学习与发展部门的人员来讲最好能够有一些业务部门工作的背景，这样对理解业务部门和人员的需求有很大帮助。如果没有机会去这样的岗位工作，最好也能够多接触一些业务部门的工作场景及人员。要能够使用专业的访谈、萃取等工具，这样可以帮助学习与发展人员全面地了解业务人员的实际能力情况。

2. 开发和设计能力

根据用户的需求及痛点，开发设计学习项目。这里应该有几个层面，第一个层面是成品，就是通过对绝大多数用户的了解，知道有一些学习与发展产品或服务是大家几乎都会遇到的，那就想办法把它提前准备好，一来需求，稍微"加热"一下，就"香喷喷"地上桌了，比如"新经理培训"、"面试官培训（直线经理）"、"管理者的表达"、"时间管理"等课程和项目。第二个层面是半成品，就是通过学习与发展部门自身对一些有效管理方法、工具的熟悉掌握，来影响业务部门的绩效提升或管理提升。这类工具有战略解码、项目规划、工作目标制定、绩效提升、人员激励、高绩效团队、人员辅导、专题工作坊等。企业大学或学习与发展部门通过这些工具落地的实践，来与业务部门一起开展一些有效的能力提升项目。第三个层面是特色产品，能够将企业内部有特色的管理和运营实践总结成一套行之有效的方法，加以反复验证和实践，向企业外部输出并得到广泛认同的产品及项目。例如，联想的复盘方法在企业创始人的亲自推动下自成一套有效的体系和文化，在企业大学和学习与发展部门的不断总结和传播下，成为有特色的学习与发展产品。

3. 交付能力

学习项目开发设计好了，由谁来向客户交付。虽然有时我们可以邀请强大的外援，但企业大学与学习与发展部门自己也要有一定的交付能力，包括一些授课、行动学习引导、项目运营、评鉴反馈、个人教练或团队教练等。这不仅可以节省成本，还涉及只有参与学习与发展项目的交付，才能更有效、更深入地了解客户，与客户在一起。我经常对一些年轻同事说，如果你永远只坐在教室的最后一排，你是无法看到学员们的表情的，你也无法理解他们的真实感受。企业大学中往往设立学习服务中心或学员服务中心，这里的教学助理会帮助学习者提供一些现场的支持服务，以便让学习者有更好的学习感受。但更细化的分工也许会带来项目开发人员减少与客户接触的机会，这很危险，因为你要确定，你是不是离客户很远！

4. 团队复制能力

对企业大学或学习与发展部门来讲团队没有能力时比较发愁，有能力时会有另外的愁事，那就是如果团队中只有一个牛人或几个牛人，那不能叫团队很牛。只有当团队内部能将这样的专业能力固化下来并在团队内部复制，才叫团队专业能力。所以这个能力是考查企业大学或学习与发展部门能不能通过机制和文化形成开放的分享、辅导文化，生成系统的团队能力。企业大学或学习与发展部门应该认识到已经发生在组织中的深刻变化，优秀的个体相对于企业比以往任何时候都有谈判的砝码，而学习与发展又是一个创业或成为自由职业者门槛比较低的行业，这些在企业大学或学习与发展部门设计机制、培育文化时需要充分考虑。

在以往的实践中，觉得以上四项能力的提法在团队能力培养方向和考核中是一个非常明确的能力体系。在日常的培养中，还可以开展一些专业技能学习，尤其是来到民营企业后，鉴于我们团队的专业水平和现状，更觉得四项能力体系只从理念上讲有些"高大上"了。对照以上能力标准，我们在阳光大学开展"内部练兵"机制，寻找业务空档期在内部开展几个专项比赛，让大家能够清晰地将能力行为化，在PK中把能力提升上去。

（1）原创PPT大赛，要求不得采用PPT模板，主题自选，内容原创。这个比赛的目的是提升PPT制作技术，同时提醒大家有没有关注一些主题内容，是否能写出自己的观点和见解。

（2）原创文章大赛，要求以学习与发展及业务发展为主题，通过个人或企业大学的项目实践，撰写一些文章，字数不限，但要求必须原创。我们选择优秀的文章推荐到业内专业期刊发表，或者在阳光大学公众微信号上发表。这个比赛也是在检验小伙伴"肚子里有没有货"。

（3）微课大赛，阳光大学第一届"成功之道"微课大赛在企业内外赢得了不错口碑，大学里有一部分小伙伴对微课制作产生了浓厚的兴趣，但也有些人觉得这与自己没有多大关系。我们在内部发起了10分钟微课大赛，要求每个人创作一门原创微课，这可是个大考验，难坏了不少人。

（4）海报制作大赛，要求用一幅画加文字为一个项目做招生广告。我们建议对自己负责的项目写一些有影响力的海报，能发布在微信群中或制作成招贴画贴在企业办公区的公共处。学习与发展部门长期作为职能部门存在，一开始有些海报明显是以自我为中心的自吹自擂。经过更多的实践，才逐渐懂得应该思考谁是我们的客户，客户关心什么，什么是我们产品的价值主张。

这些小的比赛都是针对一些学习与发展工作者必备技能展开的，用 PK 方式让这些活动更加有趣，同时在比赛中看到自己的不足和差距。有的小伙伴在比赛结束后，还专门要求把评价更高的同事的作品要来欣赏学习。看，行为化设计的学习项目随时都可以有。

TIPS

专业能力是怎样获得的，是通过理论的学习和工作岗位上的实践相结合逐渐获得的！学习与发展工作者只有通过自己的成功实践，才能在帮助他人提升能力中充满自信。

▶ 战略推动会研讨策划

2016 年年底是我第三次参加集团的工作会，这次工作会最大的变化是会议的名字变了。会议的名字改为"集团战略推动会"。董事长做了题为"我们要有所转变"的发言。这次发言深刻地分析了互联网背景下，金融保险行业所面临的挑战，传统的经营管理方式所面临的挑战。要进一步发挥集团总部的作用，总部要从决策中心向决策中心、指挥中心、作战中心转变。要创新管理方式，集聚总部信息化、智能化的能力，通过高度智能化平台建设，形成企业新的核心竞争力。不断优化客户结构，培育和发掘真正在互联网上形成的"梦想客户"，提升企业的品牌和价值。

会议的内容引起了近千位与会者的热议，大家既为新的战略目标和方向感到振奋，也为它所面临的执行和落地而倍感挑战。会议当天下午安排200多位中高管集中在一起进行讨论,进一步达成共识。而如何有效地开展这次研讨会，这项工作任务就交给了阳光大学来策划和引导。

以往的公司领导发言后的研讨会，比较平淡，大家要么应景式地谈点公司领导讲话对自己的启发和感受，要么谈点自己的困难，没有统一的讨论和发言的逻辑和结构，也没有互相之间的深入交流，很难群策群力地交流想法和观点，输出有价值的意见和建议。这一次我们下决心改变一下，我们的策划是这样的。

（1）分成8个大组，分组是将相近的事业部和业务分在一起，这样互相之间比较了解业务开展情况。任何一个大组讨论现场都在30人以内，这样做的目的是为了保证讨论的深度，同时也避免人数太多，大家说一些场面上的话。

（2）在每个大组内都随机分5个小组，采用抓阄方式决定加入哪个小组，在讨论中的任何输出都以小组方式，保证了与会者的深入沟通和发言的质量。

（3）讨论采用结构化方式。从参加会议的感受、如何认知总部的工作定位、2017年应该如何开展创新工作、当前战略推进面临最大的困难是什么、如何解决目前人力资源短板的问题，以及对全局工作无论哪个方面给出建设性的建议。在每一部分都会有拆解问题进行充分的分析和讨论。

（4）研讨形式创新。例如，对大家敏感性问题提解决建议，我们用的是在第三方平台现场无记名填写，保证让发表意见的人写出真实的想法，在会后用一定的分析工具分类汇总。又如，对大家很容易达成共识的问题，如参会感受，我们直接现场填写现场公布。对绝大多数问题采用小组内达成共识发表意见，每个问题讨论完每组都要选出对自己最有启发的小组（不能选自己本组），这样保证小组发言质量越来越好，大家也听得越来越认真。

（5）主要讨论内容的汇总。对于 8 个大组的讨论意见我们也用结构化的方法进行汇总，确保了将群策群力的结果显性展现。对于大家所提的非结构化建议，我们也用战略及组织执行工具进行分类梳理，保证决策层最大限度地接受到这些信息。

大家对这次讨论的反映是，结构设计巧妙，讨论方式创新，帮助大家深化了对企业高层战略意图的理解，加深了中层之间的交流，讨论结果逻辑化归纳，对集团战略的推进和落地执行很有帮助。我也更深刻地感受到组织的学习与发展是随时随地都可以发生的，而会议是最好的载体。学习与发展部门应该积极将一些高效的讨论方式和学习技术用于企业内部的一些重要会议中，以增强学习与发展部门的影响力。会议方式创新和提升效能是学习与发展部门很值得研究和实践的领域。

对集团战略推进工作的建议，我们很快进行了分类梳理，收到 148 人所提的 204 条建议中，有 1/3 是关于组织发展、人力资源管理和文化方面的，其中包括队伍建设、机制创新、适度放权、人员激励、多元包融文化等方面。这些建议的背后，反映的是快速成长型企业在市场快速扩张的同时，组织能力会成为重要的瓶颈。这个瓶颈决定着企业能不能进一步健康持续的发展。我也坚信，学习与发展部门一定是可以有所作为的。

TIPS

在战略性工作及会议中发挥作用、展现优势，是学习与发展部门可以尝试的方向。这是一种团队学习的重要场景，只有参与和融入这些工作中，各种组织讨论方式、引导技术才能更有影响力，并能影响更多人。

学习力和学习场

关于学习与发展部门的存在价值，不同的人有不同的看法。从国有企业到民营企业，我最深的感受是这个部门的价值在于营造企业内部活跃的学习环境和氛围，即学习场；帮助企业及员工学习得更快、建立组织和个人能力，即学习力。在互联网背景之下，我们很难再去"教"大家些什么，而让企业及个人意识到自己是怎么样的，应该学习什么，在哪里能够学习到，怎么样学习得更快，这才是企业大学存在的意义。就如同华为，任正非要求华为大学应该是激发大家"自学为主的教育引导体系"。

企业大学内部学习场的打造如图 2 所示

影响力

能力

核心理念

图 2　企业大学内部学习场的打造

1. 核心理念

打造企业的学习力和学习场（域）应该是学习与发展部门或企业大学的核心工作和使命，而这些工作是否能达成关键是看企业大学（学习与发展部门）的核心理念。这有点像一个专业部门服务用户的价值主张，它在企业内外是以什么立足的，能为企业及客户带来什么样的价值。多年来，就我个人的观点而言，即使在企业内部，我也希望客户能够自主地选择学习产品和服务。我们就相当一个学习与发展服务的提供商，不同的是，我们在企业内部。除了企业给予的一些场地和服务成本上的支持之外，就服务质量而言，学习与发展部门与外部的培训机构是平等的。尤其是对培训成本分散的企业来说，这更是自然而然的事。如果集团的学习与发展部门或企业大学的服务不错，内部用户就买他们的服务，那么企业大学就相当于学习与发展服务平台。如果服务水平达不到企业各分子公司的要求，那么这些部门也可以从外部购买培训服务。当然，这里的讨论是将企业内部战略落地、执行研讨等涉及企业商业秘密的项目排除在外的。用通俗的话说，就是企业大学或学习与发展部门如何定位自己，能不能用专业服务平台的思维来服务用户，能不能具备乙方心态，这些的不同都会使其他天壤之别。

2. 能力

企业大学或学习与发展部门能否像自己期望的那样为企业提供有价值的培训服务，关键取决于能力，通过团队所具备的能力把自己的服务理念落实到业务活动中。这些能力包括以下这些。

（1）理论联系实际的能力。企业大学或培训发展部门要尽可能将自己视作一个业务部门，几乎所有为其他业务部门设计的培训发展项目中的方法和理念，学习与发展团队要先学习、理解并且落实到实践中。例如，阳光大学很早就先于其他部门在实际中应用战略解码、目标制定、项目制、绩效月度考核及反馈、工作例会、双周工作简报、周报等管理工具和方法，而后再将这些实践及管理思想推荐给内部客户时就格外有说服力。

（2）开放的资源整合能力。企业大学或学习与发展部门还有一个重要的能力或者使命，就是为企业寻找适合学习的外部资源。在互联网＋背景下企业快速发展，可能有些实践还没有形成理论，但已在商业领域悄然兴起。企业大学需要为企业寻找和联络一些优秀的企业实践标杆或隐形冠军，带领企业向它们学习。实践是最有说服力的，它推动学习的发生。在阳光大学的线上及线下课堂中，我们寻找了同行及跨界的各类优秀实践，帮助企业视野更开放。

（3）团队的专业能力。企业大学或学习与发展部门作为内部的专业机构与外部更大的专业机构有什么不同？要处理好效能最佳的平衡，比如一个小型的企业大学就没有必要具备评鉴中心这样能力，如果有需求，直接外部采购可能更高效。而有些企业大学规模不小，实则专业能力非常薄弱，大部分人员是做外围支持和服务工作的，主要项目基本都是内容的二传手，这显然也不成。对于一些希望在专业方面发挥更大的影响力的学习与发展团队来讲，还要清晰定位自己的职能和目标。在前文我已经提及，这里不作赘述。

3．影响力

这是指企业大学及学习与发展部门在企业内外部，尤其是内部的学习品牌的影响力，有多少部门和员工愿意跟随我们一起学习，包括线上及线下的学习活动和项目。计划经济时代已经远去，有许多企业大学或学习与发展部门的学习活动发起还有很深的计划经济的烙印。如果还是主要依靠行政手段发通知、发命令式地召集大家学习，证明企业大学及学习与发展部门的影响力还是有限的。试想，我们可不可以提供一种这样的服务，就是招生海报一发布，学员就爆满，甚至有人来问能不能加名额或下一期什么时间开班，线上的学习即使收费也有人来参加，总是有许多部门来邀请企业大学或学习发展部门参与自己的项目……这就是影响力！

TIPS

在今天的商业环境下，几乎每个企业都学习得更快、实践得更快、创新得更快，尤其是许多企业家都有这样的特质。如果企业大学和学习与发展部门还不能参与或引领这些活动，证明它早已被企业快速成长的脚步甩下。

▶ 所谓体系

企业大学或学习与发展部门总是被"专家"引导建立所谓体系。这种所谓的体系不外乎是建立课程体系、师资体系及运营体系，而这种以学习与发展部门自己为中心的所谓体系越来越难以适应目前企业的需要。在多年的实践中，我越来越认为，企业大学以自己为中心的体系实质上没有那么重要。我们应该以企业发展为核心建立自己的能力体系及产品体系，有时这些甚至还是局部的、不完整的，因为能力和产品的真实存在，也能为企业的发展贡献一份力量。较之所谓大而全的课程体系、师资体系，没有真正的产品和交付能力其实等于什么都没有。

在阳光大学的建设中，我一直在思考该怎样建设以能力及产品为核心的高效能企业大学。我是从两个维度来看待这个问题的：一个维度是企业大学的硬实力与软实力，另一个维度是面对客户和大学内部。在这两个维度下，我画出了下面这张图。从客户的角度看一所企业大学的硬实力无疑是它的产品和服务，除了这点，其他对客户来讲都只是一个增值服务。而客户在判断企业大学的能力时往往软实力既是团队的能力又是重要的考量点，团队成员的工作背景、工作能力、专业水平、工作态度等是客户判断企业大学或学习与发展部门能否对自己的业务或团队有帮助的依据。支持企业大学有面对客户的优秀软硬实力的来自内部激励系统和部门文化，企业大学能否将最有效的激励人、发展人的机制用于自身的团队实践，决定了它是否能够真正帮助客户建立落地的激励系统。如果企业大学或学习与发展部门还是作为一个远离战场的职能部门，我们都不难想象它在客户部门心中的地位。文化像空气一样存在，看不到但却真实地存在。企业大学或学习与发展部门应该选派那些最优秀的干部去学习和发展，就如同我们无法想象军校是由败军之将担任校长一样，所以对于企业大学或学习与发展部门应该是先进生产力和文化的代表者和实践者，能够使用最先进的"武器"，精通各种"策略战术"，有丰富的业务作战经验，乐于奉献分享，帮助他人（见图3）。

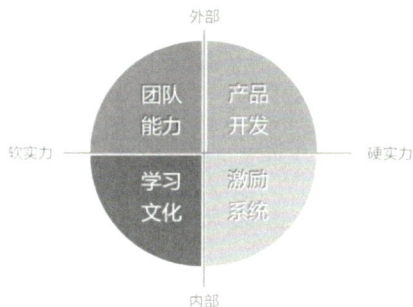

图3　企业大学/学习发展部门能效倍增关键点

图3的四个部分应该是同时螺旋演进的，每一部分都会成为其他三个部分无法提升的绊脚石，但一旦这四个部分协同起来，企业大学或学习与发展部门的发展就会越来越顺畅，也会吸引和培养越来越多的人才。一所优秀的企业大学就是这样慢慢"熬"出来的。这就是我心中的所谓体系。

TIPS

以客户为中心的企业大学应该重视每个学习者的每次学习体验；以企业发展为中心的企业大学应该重视一线的"炮火声"；以人及组织发展为中心的企业大学应该关注职场上人的状态及流动；企业大学的体系建设应该是以这些为核心的，而不应该以自我为中心的。

第四部分

爆品策略

学习与发展部门应该把自己看作企业内部的培训咨询公司，而这个部门存在的最大价值就是它所提供的产品和服务。

没有什么评估比订单和回头客更加能说明问题了。

只有不断推出好产品，企业大学才能红火起来。

▶ 三级爆品策略

在企业内部学习与发展领域工作了十几年，学习了很多学习技术和体系建设的方法，许多方法都是教我们怎样建立一个完整而庞大的资源体系，按部就班地开发交付，建立通畅的服务流程。可我的实践经验告诉我，这一切并不像想象得那么理想。因为过于强调体系建设难免带来以企业大学或学习与发展部门为中心的资源体系，越复杂的体系越难解决快速高质量的交付能力。许多企业大学或学习与发展部门都有自己的课程、师资体系，但有多少课能真正受欢迎成为大家印象深刻的学习产品？又有多少课程和项目是有质量稳定、价格适合的内部或内外部结合的交付能力？许多学习与发展部门或企业大学更成为"内容"的二传手，只做资源的寻找和引入，并不参与课程和师资体系的开发工作。所谓的体系只不过是一堆文档而已。

在十几年的实践中，我逐渐摸索了一套企业大学或学习与发展部门开发产品的思路，这些思路在阳光大学全部得以实现。企业大学或学习与发展部门的产品开发要先从学习与发展工作者擅长的领域开始，赢得专业信任后，再向业务部门和企业的其他需求迈进，这样可以事半功倍。

这套思路的主要逻辑就是三级爆品策略。第一级爆品是学习与发展部门或企业大学要在不依靠其他部门（当然有依靠最好）的情况下，能够端出几碟"凉菜"，这些产品应该是企业需要的、培训发展部门擅长的、又能赢得企业内部影响力的。在阳光大学的组建过程中，还没有正式开业，我们就重新开发了"新员工培训"，开发了"阳光面试官培训"、"空降经理蜜月期"等培训项目。这些项目在民营企业相对于国有企业人员流动率较高的背景下开发，特别有用，做到了与人力资源系统的无缝对接，能够很快确立学习与发展部门的影响力。进一步需要端出的菜——"企业的战略和文化课"让更多人理解了快速发展中的自己工作的企业。如果企业规模大，还要考虑这类课程在内部快速认证一些兼职讲师。这种课程不在于讲得有多好，关键在于是由谁来讲，所以企业内部的战略和文化一定要由中高管亲自来讲，不但可以让新员工了解企业，感受到企业管理层的领导魅力，同时能让许多讲课的中高管进一步认同企业文化。接下来是领导力类的课程。如果能对企业的商业场景和梯队特质做一些定制开发就更好了。阳光大学开业之初就推出了专门针对两个层级新晋升经理的"人在旅途"课程，由阳光大学自己原创开发、主要依靠大学力量进行交付，在企业内大获好评，一下子确立了企业大学在企业内部的专业地位，同时还可以组织讲座类的大讲堂项目等。

在一级爆品的基础上，可以开发二级爆品。这些产品的主要特点是依靠学习与发展部门的工具及资源优势，帮助一些业务部门解决亟待突破的问题或提升团队能力。阳光大学先后用商业画布为工具开发"赢在价值"项目帮助广大中层干部提升对产品开发和运营的认识，用战略解码和项目管理的方法帮助企划部开展"一张纸工程"项目，帮助财务共享中心开展团队提升项目，帮助理赔条线开展优化成本工作坊项目，帮助产险总公司开展各条线互联网产品创新训练营，帮助集团转型开展项目管理及项目管理工具培训，帮助寿险总公司进行 TOP 销售人员的经验萃取，帮助未来中心进行创业孵化中的团队分析及商业模式梳理等。这时，学习与发展部门要发挥的作用是提供有效的工具和方法，提供资源线索，提供外部成功的经验。后来由于阳光夜校发展得比较好，也成为与业务合作的重要平台。阳光夜校开展过各类业务的宣传和讨论、重要管理制度的宣传、新技术的学习、开门红产品宣传等，许多业务部门都愿意与我们合作。

所谓三级爆品，是指能总结提炼企业内部优秀的实践向企业外部输出，帮助企业打造更好的企业形象的产品和服务。阳光大学曾多次以走出去、请进来的方式与高校、同行企业、跨体制企业等进行交流，让阳光内部的管理人员和高管有机会展示自己的保险产品、管理思想、金融创新实践和领导风采。我们还举办互联网金融的论坛，让阳光旗下的各类新公司与外部的互联网金融企业高管、专家进行充分的业务交流、思想碰撞、促成合作。我也曾两次以阳光大学执行校长的身份到保监会培训中心，为100多位来自各保险公司的省公司总经理授课。这些都向外界展示着开放的阳光人和阳光品牌。

三级爆品不在于有多少产品，而在于拿出一个就能红一个，就能打出影响力。这样的产品体系不但对企业有利，对学习与发展部门或企业大学的能力成长也益处良多。后来这样的产品思维深深地影响了阳光大学的每位员工，人人要成为产品经理的要求时常在阳光大学被提起，"不建立没有格局的体系，只打造一个个爆品"成为大家的共识！

TIPS

无论有多么宏大的规划和愿景，没有客户的体验和感知都是没有意义的。"伤其十指，不如断其一指"，在产品开发中，也是如此，尽量少办一些可有可无的培训，多开发让人感到有用、好玩的产品。

▶ 小而美的启发

由于长期在大型企业关注组织发展和领导力主题，习惯了做"大项目"，刚加入阳光时也准备上几个大项目，可是都很难符合企业的实际需求。一方面，大项目往往对需求的把握是多方面的，会涉及从行业宏观趋势到企业战略、战略落地的执行能力，从企业文化、工作氛围到管理团队的现实能力水平、习惯性风格都对项目的设计影响很大。另一方面，民营企业人员流动大，需要一培训就有效果，不能期待长期的培训机制发挥作用，再加上一些民营企业创业阶段成本所限，所以面对未来趋势的大项目、为培养人的综合质素的项目在民营企业并不是很受欢迎，也会被企业越来越边缘化。我们的实践是针对民营企业的实际情况，可以针对人力资源现状开发一些实用的小课程或工具，帮助企业吸引和凝聚更多的人。

"阳光面试官"课程的需求很硬，根据许多直线经理在招聘人时出现了种种不规范甚至错误的行为，致使招人的准确率不高，招错一个人直线经理后期要花大量的时间去解决因招聘失误产生的连带问题。我是偶然听到负责招聘的HR伙伴抱怨业务部门直线经理面试时不职业，不但没有招到优秀的员工，反而给企业形象抹黑;还有一次听到一个直线经理要开掉一个未过试用期的员工，员工表现得很激动，直线经理打电话到人力资源部求助。这些现实的需求，都激发我们要开发一门能指导直线经理正确面试的课程。目前面试招聘的主要方法中，以行为化能力考察为基础的结构化面试方法最为科学有效。又根据企业的实际情况，我们采取半结构化方法，一方面保留面试者过去一些好的经验，另一方面加入根据岗位设计的结构化内容，这些设计既保证了面试的技能有提升，又不至于一下子很难实践。课程设计在 5 小时内学会。课程的结构如图 4 所示。

这个课程不仅教大家使用通用的能力手册，还帮大家针对常见岗位开发了面试问题快速翻查手册。因为这些工具的开发，方便了大家的学习和日常应用，让许多直线经理感受到了培训的价值。

这个课程还要感谢人力资源部负责招聘的小伙伴们，第一次内部试讲的时候他们给了很多有价值的反馈，让这个课程能打磨迭代得更好。后来许多负责招聘的小伙伴都来正式学习和认证了这门课。

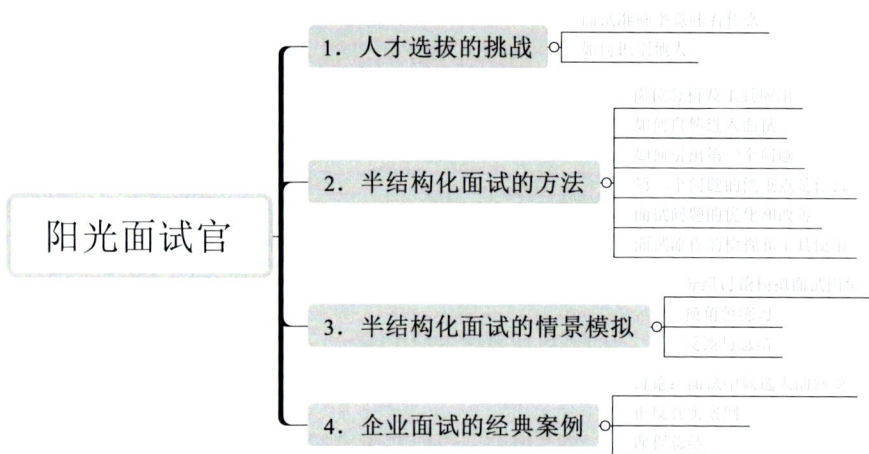

图 4 "阳光面试官"课程结构

"空降经理蜜月期"课程也是一个有特色的小课程,到阳光时我是拿着《空降经理90天》这本书报到的。这本书给了我很多启发,加上"既然选择就要热爱"的内心坚持,让我跨越了不同企业的界线,很快适应了新岗位的角色要求。尽管如此,我也克服了许多困难和挑战,尤其是文化和价值方面的。在我加入阳光后,发现企业正在快速发展中,来自各种背景的中高管很多,有来自政府和监管部门的,有来自国有企业的,有来自外企的,有来自不同风格民营企业的,他们当中许多人在适应过程中都遇到了一些挑战,于是我就以《空降经理90天》为基础,以自己的真实感觉和观察为案例和主线,开发了"空降经理蜜月期"这门课,专门讲给空降半年的中高管听,帮助他们更好地审视自己,分析现状,快速融入企业(见图5)。

这个课程曾经帮助过许多正在遭遇转型空降期的中高层经理们,让他们感受到了企业的温暖和关爱。课程当中安排了许多讨论,让大家畅所欲言,在适应一家新的公司时,文化是这些空降经理们最无法抗拒的压力,在企业内部长期以来理所当然的事也许对新加入者来讲是那么格格不入和刺眼,而阳光大学愿意做这些不理解的沟通者,让更多的人心情愉快地工作。在这个项目中,我们也发挥了社群的作用，组织空降的经理们隔一段时间安排一次聚餐，让新来的同学们"抱团取暖"，能快速搭建自己的跨部门人际网络，让更多的空降经理容易"存活"下来。这个项目得到了许多参与者的认同和点赞。在引导大家讨论这个主题时，每次我也能获得许多正能量，让我感到学习与发展工作的意义。

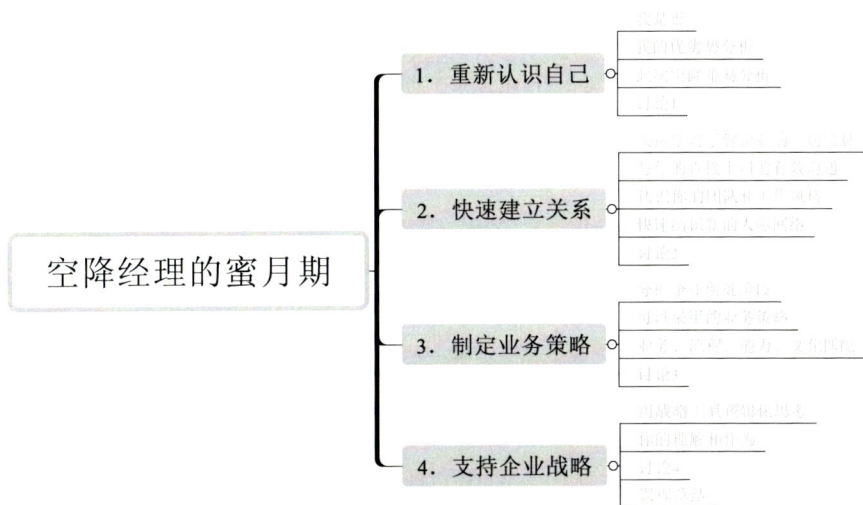

图 5　"空降经理蜜月期"课程结构

这些小课程大都只需要几小时，但却有很强的需求和针对性，能帮助学习者解决当下的痛点。每次我们的招生广告打出来时都得到很强的反应，甚至许多企业外的朋友也在询问能不能为他们企业开这样的小培训。每到此刻，无论谁都不能说培训没有作用。

TIPS

在企业课程的开发中，一个基本的指导思想是"你希望别人怎么对待你，你就怎么对待别人"，不要忽视培训开发中的情感需求。

寻找内部"新鲜"的案例

我一直有一个看法，许多管理和领导力类的课程在企业内部的落地越来越难。为什么？主要是课程中的一些场景和案例与学员自己的体验相差较远。为了帮助许多好课程在企业内部学习落地，学习与发展部门或企业大学应该对这些课程的引入做一些开发内化工作，这样可以帮助更多的学习者更好地掌握课程的内容。这些工作中最重要的就是引入企业自己的真实案例。

阳光大学成立后，同样面临着这样的挑战，许多管理和领导力课程都需要有阳光自己的案例。那么，要怎样寻找这些案例？我有几点心得：一看势，二看人，三看事。一看势，就是要看看行业及企业发展的势头，在企业内部有没有需要大发展、大转型、大变革的业务。如果有这样的业务，它应该是战略的焦点，我们可以多研究一下。还有一种业务也值得关注，就是企业明天的主流业务。虽然今天还处于发展初期，但却是明天的核心竞争力，在金融行业可能就是互联网＋金融业务或综合金融业务。二看人，一个领导个人的价值观和风格会对所带领团队产生重要影响，会很大程度上影响着团队的士气和绩效，跟踪一些在企业内口碑好、有个人魅力、能带出高绩效团队的领导者，他们的身边往往是有故事的，他们的故事也最适合成为课程上讨论的内容。三看事，在前两者的基础上，看一些敏感的业务点的事，比如新的金融监管政策的出台，对市场和业务发展会起到什么样的作用和变化，这些往往会使案例很生动、很有带入感。

有了以上三个关注方法还不够，因为你不一定能知道和了解全貌，这要借助专业的案例收集工具，如行为事件访谈、专业访谈、成功经验萃取、项目复盘等。行为事件访谈通常是请被访谈者全面回忆事件的全部过程，通过访谈者的有效提问，能够让被访谈者像纪录片一样讲述重放发生过的事情，帮助我们了解当事人的背景、行为与思想，以及事情发生的结果，甚至还能从中分析出事情的组织环境、企业文化、团队协作等背景，这些都有助于写出更加生动的案例,给学习者更多的体验共鸣。专业访谈是在比较熟悉被访谈者的工作背景、团队、业务发展现状和所面临的挑战的情况下,可以针对重点及核心业务问题进行访谈,往往能较快找到冲突点,也是编写案例不可缺少的。

阳光大学在组建过程中,就开始了课程中企业内部案例的编写工作。我给出案例的方向和框架,大家去寻找合适的业务部门进行访谈,收集素材。我们很快就选定一些有挑战的业务板块作为案例的背景,进行商业背景和管理现场的还原。一开始许多案例的片段写得像内部新闻报道一样,我们就再收集素材再修改,要求像影视作品一样有故事情节,这样才生动。同时鼓励大家阅读《领导梯队》、《团队机能五项障碍》等经典书籍,帮助大家理解什么是能力提升的关键点,冲突与故事情节应该怎样把握。苏花和祁祁在写案例的过程中也得到了成长,为将来引导这样的课程案例讨论奠定了基础。

2015 年版"人在旅途"是针对 S 和 U 两个层级的新晋经理管理能力和领导力的提升课程。我们选择小微金融业务为 S 干部培训的案例,这个业务是为一些信用度低或没有信用卡的人怎样提供个人贷款和融资。在互联网背景下,主人公所遭遇的一切管理及领导力的挑战,也正是新提升的 S 类干部所面对的。在这样一组案例学习中,大家根本没有觉的是在上课,而是在讨论自己关心的问题,在深入的讨论中知道了自己应该如何做,坚定了自己的选择。而面对 U 类干部的案例主要是针对负责主营业务的小光处长在升职后所面临的一系列挑战,来让大家思考应该如何做一个好的直线经理。这样的课程设计和开发要求很高,但学习界面友好、交付难度较低,一开发出来就得到了内部的好评。尤其是 U 类的一线经理的培训又根据不同的需求和场景,变换出了一些其他版本。

2016 年版"人在旅途"我们又挑选了刚刚拿到牌照,准备大干一场的一个新的子公司作为目标开发案例,小伙伴深入业务部门的各个角落,了解这个子公司是怎样开展业务的,从公司的总经理到中层干部,再到普通员工都进行了访谈。案例开始以总经理的视角思考了业务的创新和发展,引发了对当前业务的发展中所遇问题的讨论,这是一组既生动好用又真实的商业案例,可供我们培训项目使用。

TIPS

开发案例是企业大学和学习与发展部门的一个必备技能，许多优秀企业都曾经拿自己的案例进行学习、研讨、复盘，对组织能力提升、人员培养都有非常好的作用。

人在旅途

"人在旅途"课程（见图6）是阳光大学自主开发内化的领导力项目，主要是针对各层级新提任的经理而开发设计的。它的特点就是场景化设计、让学员沉浸在真实的工作挑战中修炼管理技能和领导力。它的设计暗线复杂，但明线简单而经典，让学习者印象深刻，同时对认证的引导讲师来讲，容易上手操作，是我们的一个爆品。

新经理培训（全场景式学习）

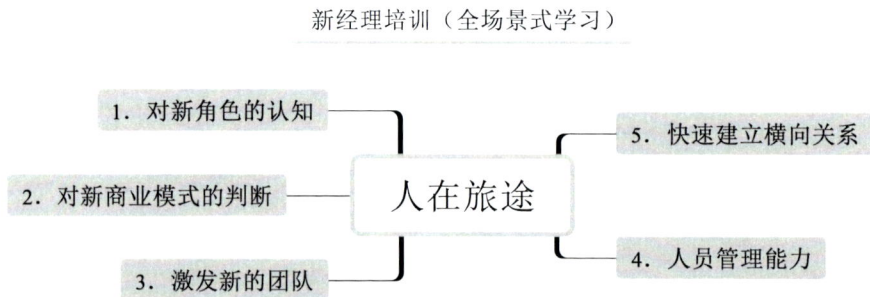

1. 对新角色的认知
2. 对新商业模式的判断
3. 激发新的团队

人在旅途

5. 快速建立横向关系
4. 人员管理能力

图6 "人在旅途"课程结构

首先这个课程的设计依据《领导梯队》中各层级领导者的关键技能和理念

展开，如对企业一级部门负责人，我们的设计重点在于培养干部的内驱力从业绩驱动到领导力驱动，帮助这一层面的领导人看到在向互联网等新经济转型的过程中，领导人才面临的角色挑战、新的技能要求和选择。我们应该如何重塑自己的领导理念、提升自己的领导技能，以及重新规划自己的时间。

案例通常会选择一位新到任的中层领导者在岗位发生重大调整时所遭遇的一切和思考。他会遭遇新角色认知的问题，适应新的业务对自己意味着什么。同时，他会遇到新商业模式或商业领域的挑战，这对早已成熟的商业技巧和认知又意味着什么。在原来的团队中早已驾轻就熟地带领大家，在新的环境中怎样重塑自己的领导力品牌。在新的业绩挑战下如何与各类员工相处？一名直线经理作为人力资源管理第一责任人的技能是否过关？怎么快速建立横向的人际网络、快速建立自己的影响力？这些都决定着一名中层领导者是否能跨过新的岗位挑战。我们的设计逻辑是不能适应变化的干部绝不会是组织的未来。

如果仅是以上还不够，因为没有与学员建立有效连接，案例开发在以上的逻辑下还要寻找企业内部最真实的商业背景，让学习者在不知不觉中投入现实挑战的讨论中。如果再加上团队之间的良性 PK，这样的学习就更有意思和趣味了。

两天的案例讨论之后，我们还会以大家的行为和表现为基础讲授来自美国 NASA 的经典的领导力课程 "4D 卓越团队"。当然，课程中的案例不再是 NASA 的，已经全部是刚刚发生过的同学们自己的故事和行为，这个时候领导力的课程不再是灌输，而是倾情拥抱。大家觉得人生都因此需要表示一下，再出发！每到此刻，作为既是大家的同事又是内部培训师感受到的是巨大的幸福感和成就感，助人达己，多有意义的工作啊！

四天培训的最后，我们会让大家以话剧表演的形式汇报培训的收获。应该说每次培训结束时，总带给我和同事许多的欢笑和惊艳，行为的培养和塑造对领导力发展太重要，别人并不知道你想什么，只看到了你做了什么，说了什么，所以你必须 "演" 出来！人生就是如此，我们每个人都在途中！

参加 2015 年"人在旅途"项目的同学告诉我，今天他们小组还保持着比较密切的联系。过去虽然也认识，但从没有那么近距离地互相了解过，通过四天的培训，大家就永远是同学，是永远一起上路的同路人！

TIPS

关心每个在职场关键节点处的人，在每次晋升前后，是一次个人成长的关键机遇点。"我"在职场上应该有什么管理理念、应该学习什么领导技能、又应该如何掌控我的时间，驱动"我"不断前行的是什么。学习与发展就是为每个人擦亮眼睛，轻装前行！

▶ 资源

在培训课程和项目的设计中，除了有专业而巧妙的设计思路之外，还离不开各种资源的支持。在十几年企业大学的运营和管理中，我深深懂得资源的重要性，没有资源的学习与发展部门或企业大学就如同没有活水的水注。资源在我的眼中除了预算之外，还有这么几类：一是内部的人脉，尤其是中高层的参与、骨干的参与；二是培训业界的人脉和信息资源，培训是一个极其分散的行业，最大的公司也很难占到 1% 的市场份额，所以要花时间了解业内的一些专业信息和人脉，就如同吃货们知道哪里的火锅好吃、哪里的烤串好吃一样，还要与业内的一些中介型平台保持密切沟通；三是熟悉各种产品和工具，以便能够使一些内部项目更加完整。对于以上三种资源，在不同的企业中会显现出不同的特点或不同的应用场景，但肯定是不能缺少的。

对第一类内部中高管及业务骨干资源，相信许多同行都很重视。我自己的一个重要心得是首先选择结交爱看书的干部。当然，我自己也喜欢读书，以书会友是一个好办法，当书成为生活和工作的刚需时，所有与书和学习有关的信息也会使人的神经兴奋起来。同时，我也喜欢重点结交那些业绩好的干部，受人尊敬的领导力行为和素质特别容易在这些人身上找到，他们能使更多的人相信领导力可能后天习得、相信领导力的行为会让团队更优秀、业绩更好。而这样的共鸣也特别容易让这些人成为学习与发展部门或企业大学的"铁杆"支持者。

对于第二种资源，实际上是在考察一个企业大学或学习与发展部门有多开放。我发现许多企业并没有自己想象的那么开放，总是在艰苦地摸索着别人早已成功实践的事情。快速复制也是创新，但企业总是不知该向谁学习。有时在企业内部大家都很辛苦，天天加班，每个部门都很忙，但工作效果却并不明显，同时还因为付出增加后特别需要认可，在"认可"资源有限的情况下，容易出现内部充满了紧张的竞争关系，所有这些工作用理科生的思维来讲都是对外不做功的，是一场内部忙碌的"布朗运动"。而学习与发展部门或企业大学正是要打开这种封闭的状态，使组织内外能充分地交流起来。有时一次深入的企业间交流，强过我们几个月的封门思索。我印象最深的就是当年我带领一群国有企业高层干部去浙江几个行业的民营企业考察，回来之后大家说："相比民营企业的努力我们国有企业的转型难度低多了，没有理由干不好！"这样的认识可能无法发生在企业内部的学习和讨论中。培训行业交流的机会很多，学习与发展者不应该只看到培训怎么样、课程怎么样，更应该看到企业需求怎么样。所以学习与发展部门或企业大学要知道引入什么样的资源进入企业，帮助企业站在更高的地方看问题。

对于第三种资源，显得更加实用和具体。我们要熟悉人才发展和组织发展中的各种工具，在适当的时候进行应用。比如，大学开业不久，阳光大学为二级机构（省级公司）总经理举办培训。当时我们加入了一堂领导力课程，主要向大家介绍领导力与绩效、商业结果的关系。课程由我来讲，但采用了HAY的组织氛围测评工具，让大家清晰地看到自己的领导风格与所带领团队绩效的关系，一下子引发了大家关注自己平日带领团队的风格。培训结束后，大家回到所在单位，我还接到了几个咨询电话。我们也在其他一些培训中采用从 PDP 看专业条线骨干的压力水平来改善工作流程和习惯。有一次我为寿险公司财务条线骨干讲课，业务部门也不知道讲什么课好，我考虑到半年之前财务条线人员 PDP 测评中有不少人压力都比较大，主要是什么原因造成的呢？经过调研发现，确实是因为沟通方式引起的。财务条线的人以"猫头鹰"居多，他们喜欢用数据和原则说话，往往让来自经营和销售的条线同事觉得不近人情，长期积累下来，大家都觉得沟通压力很大。所以我们的课程设计为"职场压力管理与沟通技能提升"，因为定位比较精准，课程受到了大家的一致好评，要感谢 PDP 这样的工具帮忙。如有可能要注意积累这些工具的企业内部数据，以备一些开发工作采用。

在资源的开发和应用方面，永远要用与时俱进的眼光和态度来看待。这是一个变化的时代，客户在变，市场在变，企业在变，学习与发展的需求在变，学习与发展的工作者在变，学习与发展的资源也应该变化。

TIPS

以客户为中心的资源积累和信息收集，对做好学习与发展工作有很大促进。了解战略、精通业务、熟悉人脉、掌握资源、通达人性，这样的培训经理是企业特别需要的，这样的学习与发展部或企业大学也不可能干不好。

▶ 战略和文化课

作为一名空降兵，我有很长一段时间都没有弄清楚所加入企业的战略方向和目标的全貌。对一名中层管理者来讲，这犹如在雾中前行一般，知道的都是道听途说或只言片语。其实，比这个更让人焦虑和不安的是，我不知道自己会不会在新的环境中有什么特别不恰当的言行。我到处找资料并收集各种消息，过了很长一段时间才慢慢适应下来。这段经历总让我觉得，阳光大学可以做一些什么，让后来的小伙伴更妥妥地适应新环境。

正是基于个人的亲身感受，我们开始开发企业的战略和文化课，旨在帮助更多的小伙伴尤其是新同事更好地了解自己的企业，将企业的发展与自己的发展很好地连接起来，将企业文化与自己的价值观连接起来。这个课程从开发的角度来看并不具挑战性，但关键的是从哪个角度来讲。这些年的经验告诉我强灌输、强洗脑是行不通的，正所谓"己所不欲勿施于人"。这门课的出发点应该是"我"与企业共成长，员工与企业拥有发展共识，共享发展成果，寻找员工从内心深处的连接和认同。因此，为这门课程起名为"蜕变，成就更好的未来"——每个人都值得畅想"阳光"与"我"的未来，这既是企业的目标，也是个人的职业态度，而这一切将在这个企业发生！

这个课程的框架如图 7 所示。

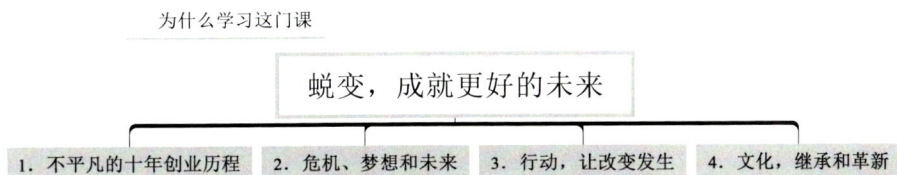

图 7　"蜕变，成就更好的未来"课程结构

从为什么要学习这门课开始，我们首先关心的是员工的感受和需要。

第一部分用访谈和纪录片的形式介绍了阳光十一年的创业历程和成就，在工作场合有许多不同层级和不同司龄的同事们用自己的感受描述了企业和自己的变化，这里强烈地吸引着每位学员走近他们，深入理解这家企业。

第二部分从什么正在影响着我们开始，什么在发生变化；互联网＋金融的趋势来势汹涌，实业与金融相结合的模式吸引了许多优秀企业的关注；这个时代下的战略选择开启新的时代，传统业务和创业板块的战略意义是怎样的，落地执行应该怎样分步有序展开，这里面有没有你的梦想和未来，让有共同目标的一起上路！

第三部分支持战略，你会从哪里开始？说说你打算干的一些事，这里没有冷眼旁观，没有嘲讽，有的是互相激励和促进，有的是互相点燃和启发！你在这里将会怎样成长？对于变化你会怎样应对？

第四部分文化对我们意味着什么？用关键词形容"我"心中的阳光，如何理解新阶段的企业文化，阳光文化的变迁和发展。从四个方面来学习和理解阳光文化——事业格局、客户理念、人文思想、变革精神。文化关键词解读，身边的"红绿灯"，个人行为评估。

离开今天的课堂，你可以带走些什么？蜕变，只为成就更好的自己，成长路上，我们与阳光同行！

从学习与发展的专业来讲，这并不是一个以专业见长的课程，但它对企业是这样重要。我曾经对许多正在发展或完成了第一阶段创业的企业培训与发展部门或企业大学的伙伴建议，首先要把企业的"战略和文化课"开发出来，发挥学习与发展的传播和教育影响作用。

在这个课程的实践操作中，阳光大学领导力中心的小伙伴们不仅有直接交付的能力，还专门认证了为阳光新员工讲课的中高管，共计40多位。在阳光保险的新员工培训中，我们都采用这个课程为阳光第一课。许多来自二级机构（省级公司）的领导先后认证了这门课，他们不仅给新员工讲，也给自己内部的老员工讲，同时也给营销渠道中的代理人讲。一年下来，据不完全统计，有8 000人听过这门课程，更多人了解这家只有十一年的年轻公司。

TIPS

根据一致性模型，企业的经营要回答两个问题：一是干什么；

二是怎么干。这两者与企业管理的方方面面发生着千丝万缕的关系。渴望自己企业的员工是三个石匠中最后那个"心中怀揣着宏伟教堂目标"一般的人，就应该让他们知道我们建造的"教堂"是怎样的，并深受鼓舞！

小工具的大用场

在学习与发展项目的设计中，有一些巧妙的工具真的很好用。在产品设计中也离不开这样的工具。阳光大学有一套国外心理学家开发的工具，叫作MTa，非常好用，它有些像孩子们玩的乐高玩具，不仅可以用于培训现场的互动和模拟，也适用于人力资源的招聘。

它可以用作培训前的互动和热场游戏，但这还只是它的小功能。它往往可以开发成一些主题性的拓展互动活动，几乎可以涉及管理及领导力培训的每个方面，如战略执行、领导力提升、团队协作、沟通、创新、项目管理、质量管理等。在"人在旅途"项目中，我们就开发了"一身四翼"（阳光的战略简称）的战略执行游戏，让大家体验战略落地过程中的关键环节。这是一个由五个组共同完成的拼接游戏，由前四个组各自独立完成自己的模块任务，然后由第五组全部整合到位。对每一组来说最具挑战的都是展现团队配合的默契，一部分人拿着战略地图，却不能亲手操作甚至看不到操作现场；另一部分人手中有"生产资料"却不能看到战略的全貌，这多像企业里的真实情景。在这种情况下，让大家体会什么是战略，什么是执行，什么是领导力。战略就是能传递到一线可被执行的作战方案，执行是按照战略方向所付出的所有努力，领导力就是让干活的人心情愉快地干活。这个游戏往往能带来许多直线经理人的反思，反思自己与场内的每个角色的关系，这才是我们想要的！

这样的游戏，挑战的不是它的引导操作过程，而是现场的点评。我们许多小伙伴为此都很焦虑，于是我们就把点评进行了相对固化的框架设计，60%的点评内容是事先有逻辑结构的，30% ~ 40% 的内容是现场的灵活反应，这样一来，点评的难度就大幅降低了，也在阳光大学内部培养和锻炼了一批能指导经理级别人员互动的小伙伴。

这个工具最惊艳的用处还在于人员招聘，尤其是在应届毕业生的选拔方面。 这两年随着金融＋科技趋势的兴起，保险行业吸引了许多高端人才，怎样提升校园招聘的准确率就变得很迫切。时下行业中比较普通的做法是组织无领导讨论小组的方式进行群体面试。可是现实中的"面霸"培训让这一切变得很滑稽，面试的候选人甚至比面试官更懂得如何评价"无领导小组"这种方式中的行为表现，当然结果中水分也可想而知了。我们领导力中心的小伙伴，利用 MTa 为人力资源部招聘的小伙伴开发了一套面试方案，效果相当不错。

小尕等几位同事首先对前几年进来的应届毕业生主管进行了访谈，而后根据访谈结果将有效的高频行为进行能力梳理，归纳为核心能力，形成阳光招募应届毕业生的能力评价标准；进一步利用 MTa 进行活动设计，形成便于招聘人员操作的《实施手册》和《评分手册》；在面试现场，给不同的小组布置可被观察的挑战任务，活动的内容包括动手能力、小组讨论中角色、协作分工能力、反思复盘能力等，招聘评委可以全程观察小组成员的行为、对话等（评委是经过阳光大学认真培训后上岗的）。比起通常的凭感觉式的面试，这样的群体面试方法得到了招聘同事的一致好评，这样的场景让招聘评委从更多的维度观察候选人的能力和特点（见图 8 ）。

在面试中，招聘评委比较看中候选人在积极主动、有责任感、高效执行、团队协作、快速学习方面的能力，把创造力、问题解决能力作为专门的加分项，这些行为在设置的场景中全部有对照的行为清单，对招聘人员来说很好用。表1 是以"团队协作"为例的能力行为观察表。

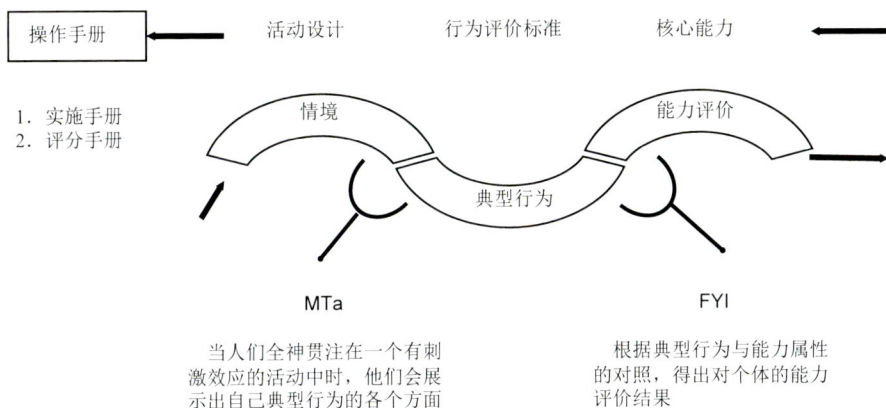

操作手册 ← 活动设计　　行为评价标准　　核心能力 ←　←

1. 实施手册
2. 评分手册

情境　　　　　　　　　　　能力评价

典型行为

MTa　　　　　　　　　　　　FYI

当人们全神贯注在一个有刺激效应的活动中时，他们会展示出自己典型行为的各个方面

根据典型行为与能力属性的对照，得出对个体的能力评价结果

图 8　面试方案

表 1　以"团队协作"为例的能力行为观察表

能力项名称	擅长行为	不擅长或过度使用行为
团队协作	关注团队整体目标和利益，服从团队共同决策，为团队提供行动上的有力支持	单独行动，搞小团体，不能融入团队
	在团队中表达自己的声音，对同伴坦诚，容易赢得信任	引发冲突，造成团队利益受损
	能够很快找到共同立场并对大家都有好处的方式解决问题	在自己的利益或兴趣受到影响时，情绪化，不能服从团队大局
	能够说服和影响他人，将反对的声音降至最低	不能了解他人的期望或需要，不尊重别人的工作或原则，以自我为中心
	善于协调配置资源，为达到目标而协同进行各项活动	为了胜过别人而耍小花招或小聪明
	激励他人，鼓舞士气，营造良好团队氛围	太随和以至于没有原则

　　2016 年应届生招聘中，有 200 多位候选人是通过这个工具进行面试的。令人没有想到的是，这种群体面试方法也得到了许多应届毕业生的追捧，同学们参加完阳光的面试后，感觉去了许多家企业面试，只有这一家企业格外创新，印象不错！可见，这样的小工具确实可以派上大用场。

由于版权保护工作到位，在每年的 ATD 年会上都可以看到一些基于心理学和行为学研究而创新的学习与发展辅助工具。如果花心思去研究这些工具的二次开发，效果往往是出乎意料的。人们对学习活动中的体验和动手的需求永远比我们想象得多。

▶ 阳光夜校

阳光夜校是一个偶然的产物，但也可以说是必然，是移动互联网的必然。2016 年 1 月，阳光大学正式开业已有半年，许多业务都已经有了比较明确的发展方向和计划，只有线上业务还令我们团队隐隐不安。因为无论是过去基于 PC 的系统，还是今天基于手机端 APP，都与真正在企业内部营造活跃的线上非正式学习不是一回事。我甚至失望地认为，对企业而言，所谓线上学习尤其是非正式学习也许是许多学习与发展人的一个"乌托邦"式的梦想，我们也许很长时间都无法亲身感受和体验许多理论上早该存在的情境。

一个电话打破了这一切，业界有一个公共学习平台益策找到我，问愿不愿意在 1 月 4 日接入著名心理学家张怡筠的一次在微信群中的讲座，我们当然愿意试一试。我找来后来因为阳光夜校运营而名扬京城的"金会计"，问他我们可不可以做。小金同学跃跃欲试，我们就快速地在企业内部组了几个 500 人群。当时绝大多数人没有见过微信群里的语音直播课程，所以当大家听到这个课程的主题时觉得形式和内容都不错，于是报名参加。

初次语音直播的火爆让我们有点不敢相信大好的业务模式已经就在眼前，整个团队很兴奋，马上考虑应该怎么组织这种线上的学习活动。小叶子和金会计当时只是为了做海报临时写上了"阳光夜校"的名字，后来大家都觉得很不错、很贴切，就把这种业务形式正式命名为"阳光夜校"。

有了名字和形式，内容怎么办？我们抓住一切机会寻找外部资源，可是很快外部资源对大家的吸引力降了下来，毕竟群里讲课的人与"我"有什么关系呢？我们互相都不认识。我们就开始考虑邀请企业内部的高管。当时这是一个很大的挑战，领导们都习惯在台上提要求和讲话，不习惯自己一个人对着手机讲，没有现场感觉讲不好；另外，还担心自己会一边讲一边要手忙脚乱地操作，不希望在上千人面前出笑话。当时恰逢企业内部管理层正在要求全集团进行价值经营，一时间讨论和争论都很多，我们就去说服集团 CFO 能不能对全集团的干部和员工讲讲什么叫价值管理和价值经营。大概因为这在当时可能确实是一个"硬"需求吧，CFO 居然答应在阳光夜校的微信群里给大家讲讲。还差几小时开播时，我来到他的办公室，第一次语音直播让他也有点不知所措。我建议为了讲授效果好，可以准备几页 PPT 片子，讲一段放一张。后来他找了一个年轻的小同事帮助他来发图片，才没有影响他讲课的思路。在这次直播中，我们开始鼓励大家给老师打赏红包（6.6 元以下）。在 CFO 讲授完毕后，同时在七八个大群里共收到 100 多个打赏红包，真是让我们乐坏了！这可以间接地证明 CFO 平时真是一个人缘不错的领导，所以关键时刻才有这么多铁粉！

在这次直播前，在内部高管的一个群里，我们总裁竟然 @ 我要求"求入群"，跟大家一起去学习，真是形势一片大好！在不久之后的一次课堂中，我正在给刚刚空降的干部上"空降经理的蜜月期"这门课，了解到大数据中心新来的经理是业界鼎鼎大名的一个牛人，而他正苦于如何快速展开工作，我就邀请他在阳光夜校里讲一次大数据应用的普及版课程，他欣然答应。牛人就是牛人，一次课程下来大家都觉得课程很精彩，一时间在企业内部这位空降经理的大名就人人皆知了。最令人振奋的消息来自晚上收到的一条微信："蒋校长，我们×× 公司在大数据筛选金融信用客户方面也很有心得，希望能有机会上阳光夜校！"就这样，阳光夜校开始被更多人关注，无论是业内的大咖，还是企业内的领导、专家、达人，我们的内容逐渐越来越宽。

随着参与的人越来越多，内容的选择越来越难以同时满足所有听众了。互联网与综合金融中心的负责人小叶子就带着阳光夜校运营团队不断测试，开始分群、分班运营，对不同的班、不同的主题开始尝试不一样的运营方法，甚至他们还开始摸索为线上内容付费。这时阳光大学互联网与综合金融中心终于找到了一条与互联网强相关的业务路线，很快阳光夜校就变成了企业内部最有影响力的一种社区运营模式。总结他们后来越来越走得自信的关键之处在于他们相信互联网文化，用互联网文化的方式工作和运营，这时阳光大学里最会画画的小啊姐（金表妹）调入互联网中心，协助阳光夜校运营和宣传。"金会计"这个与互联网业务稍远的名字也改为"辣手摧花"，小叶子在我眼里是最具网红声音的主持人，听了她的主持，很想来阳光大学玩玩！

一旦有了创新的成果和自信，谁也无法阻挡一个团队的飞速发展，后来阳光夜校的海报越来越炫（全是自己制作），运营也越来越丰富，也吸引了内部其他部门对线上业务的关注。后来阳光大学领导力中心借助阳光夜校的平台推出了"HR新视野"——成为2016年最炫的OTO项目，核心能力中心借助这种运营模式向阳光优秀销售人员推出了线上销售经营培训。阳光夜校也吸引了大学内部许多志愿者帮忙运营。

除了阳光夜校，我们曾经在网上还有许多的产品尝试，比如小伙伴们做的"羊圈"，还有阳光大学的公司微信"阳光微学习"，还有手机端APP，为什么只有阳光夜校最火，因为它同时具有有意思和内容众筹的特点（见图9）。

图9 产品特点

曾经有不少同行甚至知名互联网企业的大学校长问我阳光夜校为什么能有不错的运营效果。我自己想了想，还是要感谢阳光夜校运营团队的小伙伴们，他们把阳光夜校做得有意思同时还有大家众筹的内容。所谓有意思，就是特别充满互联网文化，敢于自嘲自黑，甚至运营人员都有非常有意思的网名，让学习群充满故事性和社交性。同时学习的内容又广泛征集大家的需求，使众人成为内容的贡献者，引发更广泛的参与性。基于此更真心欣赏和钦佩阳光夜校的小伙伴们！

记得有业务部门的同事跟我说，在他眼里，"阳光夜校是我们企业内部运营得最像互联网业务的平台，甚至超过了许多负责互联网业务的部门"。这些表扬肯定是过誉了，但它也从侧面说明了为什么不是过去而是今天，我们才真正懂得运营线上业务、学会组织基于互联网的非正式学习。

TIPS

我喜欢有互联网文化的业务和团队，这些让产品和服务更新锐，让团队更有战斗力和凝聚力，让工作氛围更欢乐、更轻松！一旦你体验并接受了这种文化，你会发现这是一次不可逆的旅程。这就是互联网的魅力。

▶ 赢在价值

保险行业的快速发展吸引了众多新加入者，这些新加入者虽然不是特别精通保险业的业务特性和游戏规则，但他们却带来了更多的资本、互联网的基因、金融科技，一时间让保险业竞争的压力陡增。这时集团领导们提出了坚持价值经营，要以企业长期稳健发展为策略。

听到这样一些战略要求时，我们就配合精算部门开展了以"价值管理"为主题的几期大讲堂。大讲堂由企业内外的保险专家和高管为大家授课，从保险产品的分类讲起，到每类保险的意义和发展趋势，向大家分析了境内外的保险产品特性，还引进了互联网＋保险的新实践，所有这些在我们看来都是"完美"的，可是现场的一段讨论却打碎了我对这个事情的看法。在精算部门不断"兜售"以价值为核心的经营思路时，销售部门根本不"买账"。记得一位分管营销的高管说："你们说的理念我都认同，可是看看我们的队伍，你就知道我们只能卖一些容易卖的产品了！"这一段讨论给了我很深的印象，我感觉大家在如何实现企业价值的路径共识上还存在很大的偏差。怎么才能让大家用同一种逻辑和语言思考和沟通呢？

在企业不断扩大的时候，最大的风险莫过于越来越多的视野是向内的，忽略掉了向外看客户。我们更多关注的是内部管理和流程，关注的是自己老板的评价，忽略了服务客户才是我们存在的理由。许多企业还没有多大，"大企业"病倒是早早就有了，创业初心早已在内耗和流程中消磨殆尽。怎样才能帮助企业始终有"客户之心"呢？阳光大学应该能做些什么？我们首先可以做的是帮助大家建立共同的商业思考逻辑，同时共同来探讨企业的商业模式和产品模式，在新的行业竞争展开的时候，发现企业内更具商业睿智的干部。

在这种企业背景和业务思考下，我们引入了"商业画布"这个工具（见图10）。这个工具对越以客户为中心的企业越有用，对越秉持以产品取胜的经营思路的企业越有帮助，但只是讲工具可能不行，还要帮助大家沉浸在保险行业的竞争中，拿出有行业信服力的竞品进行分析。

项目的设计分为六部分：第一部分是介绍商业画布的主要定义和适用范围（见图11）。在这一部分重点讲清楚价值主张和客户细分两个关键点，在上课前我们就将阅读资料发给大家，请大家以这个框架为思路描述自己熟悉的产品。别以为这个工具简单，我们在讨论价值主张时许多人都以自己或自己的企业有何价值为思考点。看，以客户为中心是多么难深入人心啊！

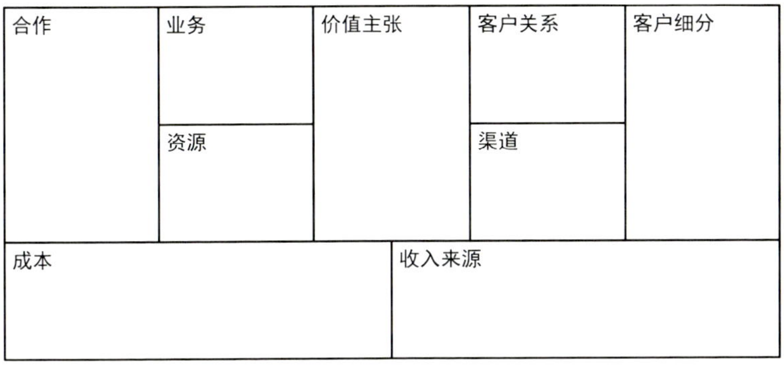

合作
业务
资源
价值主张
客户关系
渠道
客户细分
成本
收入来源

图 10　商业画布

价值主张
客户细分
赢在价值
商业画布
同行业竞品分析
分析报告
跨行业分析
红蓝军PK
内部认证

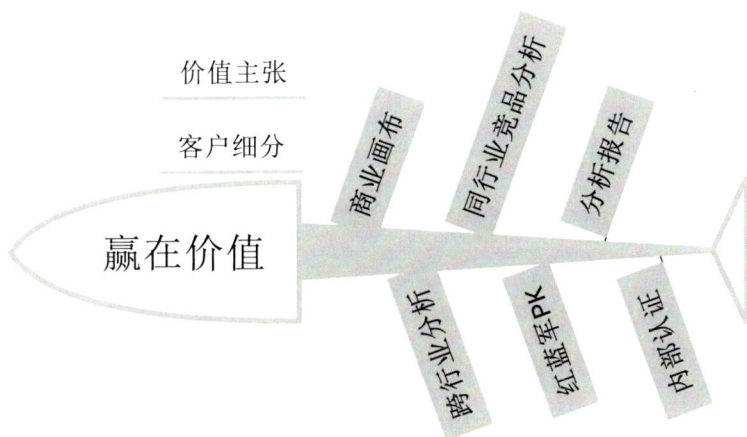

图 11　赢在价值的两个关键点

第二部分是能够将这个工具运用在不同的行业和产品上，能够正确分析一个产品 / 服务。

第三部分是能够对大家所在的金融保险行业进行优秀的竞品分析，让大家用工具的逻辑讲出这个行业的优秀产品为什么优秀。

第四部分是对我们自己的主打产品进行分析，红方代表我们的产品经理和粉丝，蓝方代表“黑”我们的客户和专家，对于红方每一次拿出的产品，蓝方都会从市场上找一款竞品与之 PK。之后双方辩论，各自升级，再打一次擂台赛。

现场所有同学可以作为客户投票，会买哪个产品，也可都不选。这是一场生动的商业睿智培养课，许多问题都在这一时刻暴露出来。

第五部分是根据项目中的发现写一份题为"是什么阻碍了我们的价值经营"的内参报告。在报告中我们提及了120多位中层心目中最好的行业产品，大家眼里我司最好的产品，对产品的改进建议，对我们运营的建设性意见，以及培训中发现的最有商业睿智的同学（可惜没几个在产品开发相关的岗位上）等，这份报告发给了董事长、总裁在内的多位高管，培训的价值在这一刻凸显了出来。

第六部分我们觉得这应该是一个长期的事，将这个课程进行了内部认证，将来这个课程都会由阳光自己的市场和产品开发部门的骨干和专家来讲授。

此刻，我们的团队也进一步明确了阳光大学存在的意义，我们的价值主张服务于企业发展和带领企业发展的人！有人跟我说："姜茶，我知道为什么阳光大学的门口会画上那幅《洞见》的画了。"

TIPS

企业大学要姓"企"，要时刻关心企业的生意，帮助更多的人提升商业睿智，在市场上有所收获。

▶ 星火计划之经验萃取

我们有这样一个假设：通常每个高业绩的企业和个人，除了掌握和具备行业及岗位通用的知识和技能外，一定有一些不同于一般企业或个人的做法，而正是这些稍许的不同，让这些企业和个人的业绩能领先许多，甚至取得绝对的优势。应该怎样帮助企业和个人具备这些优势呢？这正是这些年在学习与发展领域大家讨论特别多的绩效提升式的项目。对企业和团队而言，我们要更多地思考整个环境（包括信息、流程和工具等）的因素；而对个人而言，我们要更多地借鉴高业绩者的想法和做法，帮助其他人复制他们的成功经验。

寿险销售人员的业绩提升，是典型的在销售基本技能基础上，要不断借鉴他人的成功销售经验，以形成个人的销售方法，达成更好的销售业绩。所以企业对销售人员的培训一直很重视，由专门部门负责。2016 年下半年，我们被指派参加寿险 TOP 销售人员提升培训的策划和组织。当时我们首先想到是在企业内外部进行最新的最佳实践萃取，在更多 TOP 销售人员当中复制。

祁祁作为这个项目的项目经理，与寿险业务部门进行了多轮沟通，在分析大量数据的基础上，选出全国在销售业绩持续领先和销售方法有突破的 10 位保险代理人（保险销售人员）首先从销售数据上对他们的销售成功有一个基础的分析；然后把他们集中在阳光大学进行第一轮的经验萃取，我们聘请了业内非常有经验的萃取师对这些业绩优秀的销售人员进行经验的萃取，经过 BEI（行为事件访谈）和 STAR（背景、任务、行为和结果）式的描述，在其中六位代理人身上发现了可复制可推广的经验，将这些内容形成初稿；再请保险行业有经验的销售专家进行深度的萃取和总结，这样一来一个个有效的成功销售经验就去掉了一些个人习惯、一些其他相关度不大的行为，变得更简洁鲜明起来。祁祁他们再辅导当事人把这些经验结合一个个故事场景讲出来，一遍遍地练习演讲，直到让每个人满意为止。在两期共 200 多人的"星火计划"培训现场，这样经过萃取、打磨的成功经验故事被当事人一讲出来，就立即引起了听众的共鸣，大家觉得清楚、简单、容易学。这几个内部成功经验故事一下子成为整场培训的亮点，那几位成功经验的贡献者也成为大家追捧的"明星"！

经此一战，成功经验萃取和复制在企业里得到了许多业务部门的重视，他们纷纷愿意在一些人数多且重要的岗位上采用这个方法来提升整个团队的业绩。后来我们又与寿险电销事业部进行过"增员"经验萃取和复制方面的合作，还为这个事业部培养了许多萃取师，让这项工作能够长久地进行下去。

经验萃取的概念说起来并不难，但对具体操作的萃取师来说，却是一个挑战的活儿，一方面他要比较懂得被萃取者所在岗位的关键技能和流程，另一方面要比较懂得萃取的基本方法。如果火候不到，经常耗时很多，且没有精华经验出来。我们曾经遇到过一个例子，就是在企业内部被树了多年的一个优秀标杆，在经验萃取时我们内部的萃取师一直找不到所谓分"窍门"，急得满头大汗。这时旁边一位资深顾问问道："你这些年做得这么好，有没有教会一些徒弟？""他们为什么没有学会？"这个问题一下子引起了被访者的思考，接下来，经过多年实践和沉淀的经验就如同"麻袋里倒豆子一样"倾泻而出。所以无论企业内外的萃取师都需要对一些行业和岗位进行聚焦，以便更深入地发现经验和复制经验。

TIPS

再底端的企业只要能够"活"下来，都是因为有一些了不起的地方和经验，这些都值得总结、萃取和复制。企业如此，人亦如此。

阳光客户培训

我内心一直非常感谢中国电信学院的第一任院长童羚女士。我从她身上学到了许多，尤其是她强烈的市场意识和大局意识。在与她一起工作的数年间，我重新认识了培训对企业的意义，从她的决策和言行中深刻地理解了培训和发展工作要围绕着企业经营发展、企业梯队建设大局开展。我亲眼所见、亲身参与她带领大家从0到1组建成中国电信学院，许多工作和项目都给我留下了深刻的印象，其中包括她对客户培训工作的大力支持和开拓创新。

阳光大学的客户培训本来是要在我们安顿好企业内部的事再来考虑的，可是客户却比我们想得更加急迫。2015 年年底，我们接到阳光人寿吉林分公司的请求，要求帮助他们组织一批客户赴京考察学习活动，这时的阳光大学其他项目正紧锣密鼓地开展，可还是不愿意放弃这样一个直接服务客户的机会。通过多次与吉林公司市场部相关人员的沟通，我们逐渐确定了客户赴北京阳光大学交流学习的全部接待安排和课程策划，我们坚持在热情周到服务的同时，一定要为客户提供一次丰盛的学习大餐（见图 12）。

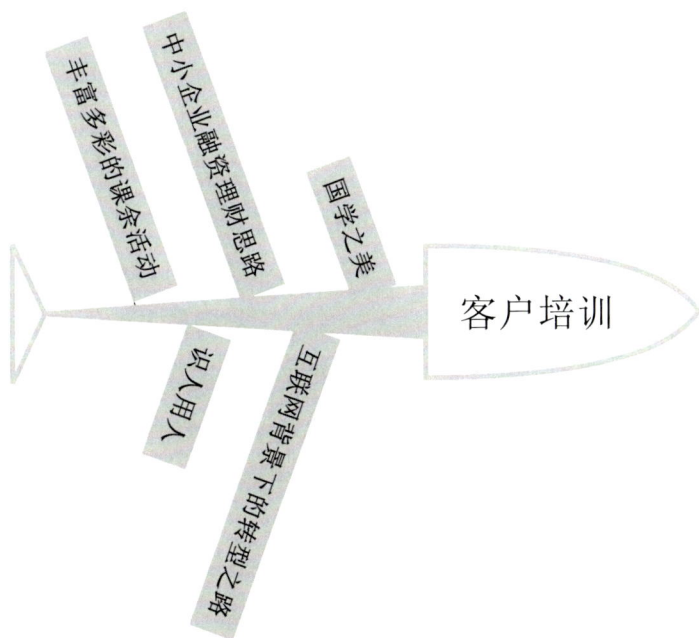

图 12　阳光客户培训课程结构

客户在北京、在阳光大学的时间很短暂，我们安排了整整两天的学习，从人文、企业发展战略、融资理财、人员管理等四个方面安排了课程，一半课程是我们聘请外部老师来讲授，一半课程是由阳光内部高管和阳光大学来讲授，我们精心安排的课程客户很满意，都期待再来阳光金融城、再来阳光大学。

总结客户培训工作，关键是两个方面：一方面是要充分安排好各项交流活动，让客户多多了解企业的发展、理念及产品；另一方面是要安排有价值的课程，让客户不虚此行。通常来参加客户培训的客户都是有一定实力的企业主或企业管理者，为他们安排课程可以从图13这些方面考虑，可以在每个方向提供一些具体的建议和资源，这些往往会很吸引客户学习参与的欲望。

标杆企业学习交流	客户主题培训	参与者自身的综合素质提升
互联网及行业科技创新		管理知识、理念更新
企业文化及高管交流		宏观经济、产业政策、行业趋势

图13　客户主题培训安排

在我们的实践中，客户培训不仅仅可以凝聚高净值客户，还能够帮助业务部门展业和增员。有一次，一个华中的省公司从市场上接触到几个优秀的销售总监，想挖他们来阳光工作，可是对方一直还在摇摆和考虑中。省公司相关领导忽然想到可以来阳光大学交流一下，让这些优秀的候选人对企业有更进一步的认识。他们陪同这些候选人来阳光大学参观交流,听完了"阳光战略和文化"这门课程后，对企业一下子充满了认可和期待，很快决定加入。

阳光大学专门为客户培训定制产品手册，有许多主题的课程可供市场部门和客户挑选，每当有公司和客户挑中我们的服务时，我们好像也在市场上做成了一单那样高兴。企业大学在企业的市场营销、文化传播、凝聚铁粉客户方面都是可以有自己作为的，关键看我们有没有这份"雄心"和"诚心"。

TIPS

根据不同企业的特征，企业大学可以参与直接面对客户的培训业务。有几种模式可以借鉴：一是如20世纪90年代一些外资设备厂商为中国有企业业用户进行MBA式的高管教育培训；二是如湖畔学院等一些新兴的企业大学开展新商业模式和商业文明传播的交流和学习；三是邀请客户参与与经营企业自身产品和行业趋势背景相关的学习和参观式的客户教育。

阳光好讲师

内部培训师团队成功的组织和运营是一名培训管理者最值得自豪的地方。在中国电信学院工作时，"春回燕归"从领导力内训师品牌活动一直延伸到了企业所有内部培训师最向往的精神乐园，它凝聚了我们团队与几百位内部培训师的职业激情和人生情怀，那是棋逢对手、琴遇知音的人生乐事。

阳光的内部讲师队伍人数很多，有 5 000 ~ 6 000 人，分析发现讲师队伍大都由一线营销人员组成，主要讲授保险产品知识和销售技能。这是保险业务尤其是寿险业务的特征决定的，应该说这是一种业务特性决定的培训先行模式，这为讲师队伍的发展奠定了良好的基础。经常有一些来自寿险的同事，讲课的功底都很好。

但对一家逐渐向更多元发展的金融保险公司来讲这显然是不够的。总裁也曾经跟我提及能不能让近年来不断吸引来的优秀人才在企业内部给大家讲课，提升一下内部人员的视野和知识面。这对我们的内部培训师队伍建设是一次转型式的要求，需要用新的思路和方法去组建一支高素质、代表企业管理思想和运营水平的内部培训师队伍。我们分析了集团总部及四个分公司总部的运营和管理现状，决定"深耕"这几千人的区域，挖掘和发现有兼职培训师潜力和动机的干部和管理人员。稍有培训管理经验的人都知道，内部培训师队伍最容易弄成"灯下黑"，就是越靠近总部的地方越"稀少"，而这里本是最应该成为表率的地方。培训管理者还可以更创新更有所突破地去工作，影响更多的人加入组织学习的大潮中。

我们的思路是"造氛围、赋能力、给机会",用这三招来吸引"灯下"的"大伽"们。在2016年教师节前夕,我们在微信朋友圈中搞了一次轰轰烈烈的网上投票,主题为"我给下属讲好一堂课",有近100位中层以上领导者的名字出现在投票表格中。我们的理念是一个领导者必须负起辅导员工的责任,领导培养领导是企业文化传承的重要方式。当时我们请所有员工在网上给自己欣赏的、有实践经验的、有才华的管理者投票,可以点他为自己授课。这个小活动吸引了许多员工和管理者的注意力。作为员工来,这不仅是为某人的学识与才华点赞,更是为他的领导力和管理实践点赞,因为谁也不会让身边只会空谈的人给自己讲课;作为管理者,也是有一点小紧张的,这是一次真实民意的反映,这次投票活动在教师节前历时5天,参加被投票的中高层管理者103人,共计投出15 000多票,访问次数达7万多人次。这次小小的投票把优秀领导与讲课自然而然地画了一个等号。在这之后的教师节,我们没有像往常那样搞特别隆重的大活动,而是在当天一早,将一盆刚刚插好的鲜花以及一本华为的《以客户为中心》放到了每一位内部培训师的桌上。当天上午微信朋友圈刷屏式秀身份,大家都前所未有地感觉到成为一名内部培训师是件光荣的事。就在这次,我们组织培训师活动的小伙伴第一次接到了有中层干部来询问怎么成为内部培训师,小伙伴们顿时觉得第一招果然有用!

第二招是赋能力。我们是对群众投票产生、个人也有意愿的潜力选手进行培训,培训课程是由经典的表达思维练习课"驻足思考"和阳光大学自己开发"我给下属讲好一堂课"两部分内容组成。"驻足思考"是帮助大家在公众场合尤其是即兴表达时,怎么能够流畅表达。"我为下属讲好一堂课"是领导力意识加以听众为中心的内容组织和准备(见图14)。

课程的结构由四部分组成,是通过完整的练习串联起来的。在授课过程中,最有意思的是与许多有潜力的培训师的互动。一开始大家会从自己的角度选择一个授课主题,我们每一轮练习都会问大家"谁会去听这个课",一开始同学们出于礼貌会举手,但我还会接着问"你愿意花多少钱",这时大多数人都更愿意表达出真实看法。当课程设计者听到大家大都只愿意花 5 元、10 元去听他要讲的课时，就不得不认真地思考。什么是以学习者为中心？这个课程到底能为听众带来什么价值？这时候精彩的课程就快出来了。经过每组一次一次的开发设计、修改提升，在一天的课程结束时，通常一个课程的大致结构已显雏形，而这时也是阳光大学的订货会，我们会将班上最优秀的课程和人选预订下来，有线下课程也有线上课程。此举激发了被选中老师的创作热情，也鼓舞了全班继续努力。我们曾在现场为阳光夜校敲定过一个讲"保险偿二代知识"的专业课程，经过阳光夜校的再开发，用"相声"配图的方式普及了保险专业知识，一时间成为微课界的"网红"精品。"我为下属讲好一堂课"的培训也不断有来预订明年课程的内部客户。

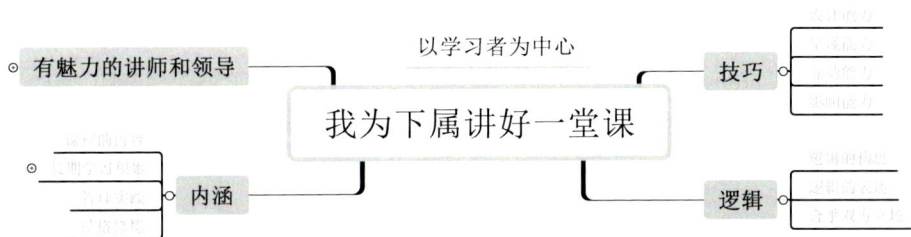

图 14　"我为下属讲好一堂课"课程结构

第三招是给机会。我们会观察和记录每位内部培训师的专业特长和表达风格，也会邀请他们填写愿意讲授课程的大类和主题，鼓励他们多讲自己擅长的专业内容，同时会创造一些课程认证的机会，鼓励他们在培训师的路上走得更远。

在中层以上管理人群中这三招果然有用。一年下来，不仅管理者身份的培训师数量增加了，而且企业内部的培训文化得到了宣传，同时也使阳光大学在内部的影响力加强了。"阳光好讲师"活动激发了学习动力和影响力。在"阳光好讲师"活动中洪洁和小鑫两个人始终以创业者的激情在筹划和操办，这一切让我仿佛看到多年前那个为"春回燕归"而奔忙的我，感谢他们！感谢我们共同的事业！

TIPS

课程与课堂并不是学习与发展的全部，但却是我们最好的工作抓手。成就他人无处不在，每次讲课的历程都是一次自我发现、自我提升的过程，内部讲师的机会应该给予企业中最优秀的人。

师资体系不应该是名单上有多少人，而应该是有多少优秀的人活跃在各种类型的辅导他人的实践中。

开放的大学

当我们能够不断向外看时，心胸也会变得宽广许多！

企业的学习与发展部门都是对内服务的，因为种种原因物理上的开放已是不容易，心态上开放比前者更难。

▶ 没有围墙的企业大学

记得许多年前，有一位中欧商学院非常知名的教授来我工作的企业大学，在园区门口被值班的武警拦下来，要求其办理复杂的进门手续。当时天很热，在门口排队办手续的人很多，这位教授一气之下决定打道回府。我赶紧狂奔一公里跑到大门口，劝说教授不要走，接她进来。当时真是恨死了那个长长的围墙和门口的武警门卫。

我后来陆续去看过世界上的很多知名大学，开始思考实体的围墙并不可怕，可怕的是思想上的围墙。先后接触过许多企业，我发现绝大多数企业都是非常严重的内部视角，根本不管门外在发生着什么。作为企业大学同样如此，我接触过许多从事企业内部培训与发展的同行，他们往往付出很大努力，却依然很难满足企业内部对培训工作的需求，以至于这个工作让许多从业者失去了信心。想来目前的现状也不难理解，一个人或几个人的智力水平怎么能满足一个企业对学习的渴求，或者说，培训经理经常成为企业学习和发展工作的天花板！许多学习与发展工作者正是看到了这一点，才不断加强与外部同行的交流，虽然也能引进一些新的思想和信息，但这种交流往往也是偶发的、间断的、目的不明确的，依然不能满足让一家企业变得更开放的需要。

从某种意义上说，一家企业就是一所大学，员工在这里学习到的是业界先进的理念和技能，还是某种"私房菜"，或者做菜的某个工序？企业应该是一家开放的企业，工作在这里的人既能学习到自己企业的管理和专业特长，同时也能不断地汲取百家之长。我经常看到企业内部很忙碌，但效率非常低下。大家"白＋黑"、"5+2"地闭门造车。因为忙碌,大家付出许多又特别渴望认可,而企业的资源是有限的,进一步导致恶性竞争,造成许多内耗。从企业外部看,企业就像在做一场"布朗运动",内部很忙碌,但对外不做功,客户完全感觉不到企业做了什么特别的努力。

学习与发展部门能打破这个"布朗运动"的平衡,让外部与内部的能量流动起来,让企业内部更多看到同行或跨行业的先进做法和格局,启发更多的人和业务部门有新的标杆。看到不足才是真正前进的内驱力。许多学习与发展部门近年来在这方面做出了不少努力。记得在几年前,当时我所在企业一方面遇到向互联网转型的瓶颈,另一方面遇到内部组织运营的变革,改革的压力前所未有。当时我们请来了许多讲变革的老师,引入了不少这样的项目,效果都不好。在百般无奈之下,我们挑选了一批干部代表,组织了一次"浙江行"游学活动,走入浙江各个行业的民营企业,看看浙江民营企业是怎么主动适应市场需求调整自己的产品、流程、机制的。我们走访了家电、互联网、汽车制造、饮料、能源等行业,看到的是充满变革勇气、灵敏捕捉市场需求的浙商企业家和企业。在游学的总结会上,大家深有感触地说,对比民营企业的改革,我们那点调整和变化都不算什么,真没有理由干不好。对干部队伍而言,最有意义的改变是思想和认识的改变,我想这正是足够开放能带给我们的。

除了"走出去","请进来"也是一种很好的交流手段。阳光大学曾经接待过一些参访的代表团,有国外高校的 EMBA,有国企的培训同行,还有来自国有企业的后备干部班的同学们,其中给我印象最深的就是来自一家地方大型国有企业的后备干部。我们就"不同机制下的领导力发挥与干部队伍建设"这个主题进行了交流,一致认为只有对不同体制人才梯队建设的本质有了清晰的认识,才能帮助干部们发挥自己的优势,在岗位上建功立业,实现个人与企业的双赢。这种交流往往输入了我们平时很少考虑到的外部视野或圈外人视野,对企业、对个人都是非常有价值的信息输入。

这些年在两所企业大学工作,每当我们更开放地与外部交流,也是我们涌现更多创意灵感、更好服务企业内部的时刻。也只有在这种时刻，才能让我们忘记个人乃至企业昨天的成功，继续大步向前！

▶ 自主的个体

曾经有不少企业的 HRD 或企业大学校长找我推荐一些优秀的培训经理。我只能苦笑一下，这两年我从来没有停止过对优秀培训经理的寻找，但是很难找到对培训理解较为深刻、有业务经验、专业功底过硬、有不错的人际影响力的培训经理。培训这个行业的人才分布应该是更多优秀的培训人流动及成长在市场上。企业内部只能一方面广招贤人，另一方面加大内部人才的培养。

好的培训经理首先应该有很强的学习能力，能够从大量的理论学习和实践观察中获得成长，同时开发出有适合内容和形式的产品，为他人及组织的成长做出贡献；其次是具备很强的实践能力，凡是他在课程或项目中讲到或提及的内容，最好亲自实践过，如带领团队的方法，一个没有带过团队的人很难讲好领导力课程，同样，没有做过销售的人也难感同身受地理解；再次是对业务的理解，能够与业务部门的人说到一块、干到一块；最后是较强的人际能力，在企业内部的学习与发展工作者要能够影响每个学习者并能激励他们不断学习和成长。

　　不同企业的学习与发展部门或企业大学的定位有所不同，有些更战略层面一些，而有些更操作层面一些，这对培训经理的要求都会有不同。更加战略层面的定位对人的要求也会更高，更偏向业务操作的学习与发展部门或企业大学也要求更多的培训经理有业务部门的工作经验。例如，通用电气的企业大学就要求自己的员工 1/3 来自业务部门，1/3 来自咨询机构，1/3 来自培训部门，这样的人员结构保证了企业大学目标的实现。学习与发展部门或企业大学应该有意识地安排一些员工到企业常规或最重要的业务岗位轮岗，加强他们对业务培训的理解。

　　培训岗位的成长时间是漫长的，但同时又是非常容易产出专家的岗位，在互联网如此发达的今天，培训经理非常容易成为自由职业者或进行自主创业。这对学习与发展部门或企业大学来讲是一把双刃剑，一方面大学战略目标的达成需要专业素质强的骨干级员工，并且不断培养出专家；另一方面如果企业内部没有这些骨干员工创新和成长的空间，他们会坚定地离开。这样一来，在人才培养方面，学习与发展部门或企业大学就显得有所保留和犹豫。许多人也问过我的观点，我自认为是一个开放的人，尤其赞赏《联盟》这本书的观点，只要对企业或企业大学的发展有帮助，我还是会坚定不移地花时间和资源培养团队的专业能力，即使有一天他离开，也会成为人才口碑和品牌。在人的成长和发展领域靠闭关锁国这样的政策显然是一个双输的下场。

　　企业大学反而应该考虑让一些员工内部创业，让他们专职去做一些专业开发工作，这样对企业来讲可以用较合适的价格得到一些开发成果，而这些人也可以知道企业需要什么样的培训产品，会开发出适销对路的产品；同时企业内部创业对创业人员而言降低了风险和不确定性，这是一个双赢的局面。

　　从人及组织的发展来看，学习与发展部门或企业大学应该率先做出这样的尝试，不仅因为局部的权衡，这也更符合今天和未来企业组织发展的趋势，实践比理论更有力量。唯有如此，企业大学的客户才真的相信，这里的所有活动、产品和文化是面向人及组织发展的。

　　企业大学用什么方法吸引业内最好的培训专家？用什么方法培养出一流的培训人才？又用什么手段留住这些骨干？企业大学或学习与发展部门比任何部门都应该回答好这几个问题。

▶ 理想和现实

　　不知不觉中，我已经跨入学习与发展这个领域15年了。在这个不算短暂的时间中，我经历了好几个阶段，想起过去在学生时代学过的"螺旋式上升"这个词，能够很好地说明我在这个行业的历程。

　　第一个阶段：培训工作就是组织和操办。在这个阶段我忙着联络老师，安排教室，安排吃住及学员接送，甚至还负责外出旅游，当时感觉培训工作更像一个会议公司。记得有一次要组织一个高管培训班，在这之前开了好几个培训组织的协调会，甚至连学员的房间里放西瓜和水蜜桃都认真讨论了许久。

　　第二个阶段：有简单的项目和培训内容的开发。在这个阶段，开始开发一些标准课程并在内部进行复制，在企业内部开发培训师资源并形成稳定的队伍，一些项目的传播和推广逐渐建立了一定的影响力。

　　第三个阶段：开始关注企业战略层面的一些项目，同时关注组织的梯队建设。开始研究企业的市场竞争地位和战略执行的效能，开始关注企业中基层管理者的领导效能，并能够根据这些需求和发现开发适合的学习项目，成为企业组织变革的引擎、赋能的平台、创新的接口。

　　第四个阶段：关注企业组织发展与人才发展。用更为体系性的专业思想来分析组织，分析人才，分析战略、组织和文化的适配性，不断深入开发人才标准、评鉴系统和人才发展系统。

在这 15 年间，仅靠对学习与发展的专业理解的深入是很难始终保持对它的热爱的，其深层原因来自知行合一、成人达己的价值观。当初刚投身这个行业时，找不到这份工作的价值，也无法从工作中体会出尊严和意义。第一次让我觉得这份工作可爱是因为我开始讲课了，这是一门"组织沟通与团队沟通"的课程。这门课当时很受欢迎，大大激励了我对这份工作的热情。第二次体会出这份工作的意义是 2006 年我去认证"领越 ® 领导力"这门课。我们的导师是一位新加坡女老师，课程讲了什么我早已忘记了，可她当时的一言一行却深深地影响了我，忽然觉得这份工作可以做得如此有意义，我也要成为她那样的人。之后我非常幸运地参与了中国电信学院的建设工作，并担任领导力教研中心主任（后来还兼任院长助理）。在长达 6 年多的时间中，我们为大批高管提供领导力发展与培训并进行干部的竞争性选拔中的人才评鉴，让我对人才梯队与企业的兴衰甚至行业的兴衰有了更深的观察和思考。

这份工作带给我最大的价值，就是让我懂得我自己到底是一个什么样的人，懂得倾听自己内心真实的声音，什么是我内心真正渴望的"小目标"。也是这份工作鼓励我大胆地在职业生涯发展的路上拐了一个弯，向内心的渴望大步跑去。

在不同的企业从事企业大学工作也让我对国有企业和民营企业有了更新的看法和理解，国有企业对人的培养是强有力的、潜移默化的影响，国有企业的文化比我们想象中要强大，科层式的按部就班式的论资排辈是梯队发展和成长的最大动力。我并不只是从负面看这个现象，正是这样的梯队发展惯性保持了组织的迭代和稳定。如果能对一些高潜人员进行更快的晋升甚至跳级式的晋升，会给企业带来新的动力。民营企业的梯队发展核心与国有企业不同，它更像一组同心圆，圆心是企业老板，内圈第一个圆是跟随老板创业的团队，第二个圆是企业创新取得一定业绩后从外部挖来的人才，第三、第四个圈则是加入时间更短正在适应的人员。第一个圆、第二个圆的稳定决定了民营企业的发展。

如果企业能够实现第一个圆中能力跟不上的人慢慢退出，第二个圆、第三个圆中优秀的人才能够不断向圆心发展，企业就会实现一种动态的组织平衡，而这个平衡对企业的发展影响深远。

无论什么企业都会随着商业的成功而不断变大，而在变大的过程中会出现效率下降、企业流程变慢变长，让更多的人要么淹没在企业越来越多的日常事务工作中，要么更有朝气地去创业。这种情况在过去许多人还只是在心中想一下或在嘴上说一下，而在今天更多的人愿意用行动去尝试。无论是哪种体制、哪种企业、哪种人，都需要企业和个人学习得更快、反应得更快，所以我坚信学习与发展工作本身将有更广阔的空间，关键看我们自己有没有准备好，无论是在企业内部工作还是个人工作者，无论是甲方还是乙方！

TIPS

从事学习与发展工作不能太功利，因为那样你的动作会变形。从事这项工作也不能太平庸，你要是连自己都发展不好又何谈发展他人。真的不要小看这项工作，它充满意义和情怀！

▶ 姜茶与亦菲的对话

Q1. 姜茶姐，在几次筹建企业大学的过程中，结合您对业界的了解，您感觉不同企业建立的企业大学有什么不同之处？

A：几次参加企业大学筹建，吸引我的主要有以下两点：一是所处的行业是蓬勃发展的；二是有机会从0开始筹建企业大学。我感受到的差异有：

（1）一般国有企业的企业大学主要是面对干部员工长期素质的提升和培

养，民营企业的企业大学更看重学习项目所产生的效果。这一区别主要源于国有企业和民营企业不同的人才结构，国有企业的干部和员工队伍相对稳定，民营企业人员流动率相对国有企业而言较高，所以两者在面对不同的人群培养的时候重点会有所不同。

（2）在一些项目的操作上，国有企业培训重视的是思想上的共识，民营企业培训更多重视结果上行为层面的转变和标准化。

（3）对国有企业企业大学来讲，组织架构是稳定的，规划是长期的；民营企业的企业大学结构和人员配备相对灵活，甚至因人设岗，伴随企业发展而快速应变。

（4）在国有企业的企业大学，预算是固定的，相对比较稳定；在民营企业是因事用钱，有为才有位。

（5）对于培训经理而言，在国有企业企业大学更有利于个人的学习积累；在民营企业企业大学更有利于创新、开拓、实践。

另外，我们还注意到，在国有企业干部梯队论资排辈式的晋升是许多人学习的内在动力。而在民营企业不一定适用，在民营企业核心团队的相对忠诚是企业发展的保障。

Q2. 您经历了两所不同的企业大学，您怎么看企业大学在企业组织架构中应该如何安排才能最大限度地发挥其作用？

A：（1）与人力资源部的关系。在不同的企业中，企业大学和人力资源部有不同的组织架构关系。一种是企业大学与人力资源部平级，组织架构上相互独立。另一种是企业大学隶属于人力资源部。这两种从属关系没有好坏之分，选择哪种组织架构取决于企业自己的情况，如企业规模、发展阶段、人员结构等。由于企业大学的工作与人力资源部的工作有天然的密不可分的关系，我的建议是由同一个领导分管，做到工作的衔接和配合。

无论是哪种组织架构，我认为企业大学最能够在企业发展的以下三个阶段发挥巨大作用：一是企业大发展、大转型、大变革时期，企业大学无论从文化宣传、组织发展、人才培养方面都能提供强有力的支持；二是企业发展到一定阶段，由于行业、规模、业务的特殊性，人才获取难度加大，内部培训和培养显得尤为重要；三是企业正在形成独特的企业核心竞争力，企业大学在经验萃取、扩大企业在行业内外影响力方面大有可为。

（2）成本中心还是利润中心。可能是由于人才发展更多服务于内部客户，在绝大部分的企业，企业大学是成本中心，只有极少数的企业大学是利润中心。无论是哪种，我鼓励学习与发展从业者都应该把培训视为一种有价值的服务，学习与发展部门不应该把工作视为"计划经济"。无论我在哪所企业大学，我都坚持体现（部分）市场化，"将培训当作业务来做"，我相信这才是最锻炼、最培养人的，也是最有成就感的。

Q3. 企业大学有很多，您理想中的企业大学是什么样的？您欣赏哪几类企业大学的模式？为什么？

A：从外部视角看，我理想中的企业大学标准应该是：

（1）直接支持企业发展战略，通过开发和执行重要战略共识类项目收集大量战略决策依据助力企业发展。

（2）支持企业人力资源战略，与人力资源管理及流程密切结合，共同做好梯队培养和人才供给。

（3）支持企业绩效，提升队伍素质，传播企业文化，提升企业凝聚力。

（4）大学自身的管理实践、绩效管理、团队管理、团队文化等方面都要勇于实践创新，作为先进生产力和先进文化的代表。

从企业大学的内部看，优秀企业大学的标准应该是：有优秀的专业化团队（有咨询能力、研发设计能力、交付能力、团队复制能力）；有客户眼中的爆品，在企业内部广泛赞誉，回头客多；有开放、平等、创新的文化，以客户为中心，具备乙方思维；有明确的挑战性目标和使命，并且有好的内部管理机制及部门间相互支持氛围。

关于我欣赏的企业大学的模式，其实不同的企业大学都各有特色，就我而言，我倾向于：

（1）赋能的平台。企业大学是企业经营理念和文化的宣传平台，甚至变为外向型企业大学，成为公司品牌的一部分。例如，我在书中提到，阳光大学开展客户培训帮助业务打单，开展战略文化传播间接吸引优秀的候选人加入阳光保险。

（2）变革的引擎。企业领导力培养的基地，企业正从市场驱动型成长、创新驱动型成长发展到领导力驱动型成长。领导力培养是企业大学最重要的业务，领导力发展的核心是引领企业变革。

（3）创业孵化的接口。如今吸引年轻人的不一定再是大平台，我们会发现"创业"越来越吸引年轻人，大企业想要不被淘汰，纷纷开始建设企业内部的孵化器，企业大学作为人才交流学习、挖掘潜力的平台，正好可以发挥内部桥梁的作用。

Q4．为什么文化建设对于企业大学发展至关重要？

A：文化其实决定了我们对客户、对业务、对企业的态度和行为。

（1）客户。文化体现在我们把自己视为企业内部的乙方，要具备乙方心态。当我们将自己的身份定位为企业内部的咨询培训公司来服务企业时，企业大学就会不断要求自己根据甲方（企业内部其他部门）需求和需要提供有价值的服务，帮助业务部门或企业整体提升业绩、提升团队。

（2）业务。文化决定我们怎么看待自己提供的业务。如果企业大学的文化本身要求创新实践、知行合一，那么当我们在业务（课堂）中要求学员做到的事情，我们自己也要率先做到，要求业务部门有商业睿智、创新思维的同时，企业大学也要在自己的业务里带头做到这一点。

（3）企业。文化决定企业大学在企业中的定位。阳光大学是准事业部，我们的存在价值是为企业提供价值，能够洞察企业的人才和组织发展，昨天、今天和未来。正是因为你关注这些，才能时刻为企业服务。

如果没有以上这些文化（乙方心态、创新等），企业大学很容易沦为纯粹的职能部门，创新慢，自身学习速度慢，对自己要求低，甚至远远落后于企业发展速度，企业的先进性与它都没有任何关系了，所以文化至关重要。

Q5. 您筹建了三次企业大学（中国电信集团培训中心、中国电信学院、阳光大学），您觉得最重要的或者说最值得注意的点是什么？

A：值得注意和关注的事情有很多，开始筹建时要注意：

（1）企业主要领导的理念很重要。一把手对企业大学的定位是什么？多和一把手及管理层沟通，才能站在企业的格局上建设企业大学。

（2）业务定位很重要。想要把企业大学定位在会议支持、内容中介平台还是战略性支持，决定了企业大学的发展目标和工作内容。定位不同，在企业大学的硬件、规划、团队组建、内容设计上都是存在诸多不同的。

（3）专业团队的招募和培育。在阳光大学的筹建过程中，甚至是我离开的时候，专业人才的招聘始终是重中之重。企业大学的软实力就是"智慧"，学习与发展业务要求企业大学的同事们是专业的、创新的。所以在招募人才时，应该是多元化的。培养人才时，既要培养基本的学习与发展从业者应该具备的能力，又要有针对性的"扬长"，发挥不同专业人士的特长。

（4）开放很重要。企业大学是内外部交流的平台。从内部视角看，新员工了解企业、各业务相互交流、自上而下沟通战略、企业文化宣传等都是通过企业大学。从外部视角看，企业大学开展行业交流、客户培训等，向外展现企业的先进性，传播企业的经营理念，并且将外部优秀商业实践和工具发放引入企业内部，引发思考和学习。作为这样一个平台，企业大学拥有开放的心态，允许各种思想在这里讨论、碰撞、激荡。

Q6. 您带过不同的团队，您觉得在不同企业大学当中的团队有什么区别？

A：基于我在国有企业和民营企业的企业大学工作的经历，以及与各类企业大学的接触，我的感觉是在资源方面无论是硬件设施还是软件投入（项目、课程、运营），国有企业企业大学的投入是稳定的，资源更有保障。优秀的国有企业吸引很多优秀人才加入，企业大学的人才队伍综合素质强，人员的稳定性和归属感更高。当然，人才在慢而稳的体系中发展也存在问题，在互联网时代，慢而稳的体系容易导致创新空间有限、职业晋升缓慢。

而在民营企业，业务变化快，业务机会多，企业大学也是快而灵活多变的。人才相对多元化，不同教育程度、各种工作经历都有，人员素质也参差不齐，但普遍市场化程度强，灵活性更好，创新意愿更强，当然流动性也比较大。

Q7. 您在书中说的爆品体系建设特别适合什么样的企业大学？

A：无论企业大学的成熟度如何，有些企业大学很优秀，课程体系、师资体系很完善；有些可能正在从 0 开始筹建，混乱忙碌找不到抓手，我都认为需要认真对待自己的培训产品，用产品体验影响客户。只有产品能代表你，只有爆品会是企业大学在企业内部的最佳代言人。所以，我认为三级爆品体系适合任何企业，三级爆品体系不是根据企业大学自身设计的，是根据企业发展战略对人才梯队的需求而设置的，围绕的是如何发展人，如何更好地人岗匹配，如何让业务发展紧密跟随战略目标。

这当中，唯一的瓶颈是对爆品的认知水平和实践开发能力。以新员工培训为例，许多培训经理对它的认知是常规动作，就是告知员工公司发展情况和人事财务制度等，而爆品是将它定位在让新员工"爱上第一眼"，激发员工在职场生涯中与企业共成长，这样的认知所设计开发出的培训项目是非常不一样的。当然，光有认知是不够的，还要看企业大学自身是否有能力打造出符合期望的产品，这考验的是学习与发展工作者的实践能力。

Q8. 做了这么多年的企业大学，您觉得企业大学中团队的专业能力培养应该怎么做？

A：我在书中提过，企业大学队伍应该具备的能力为理解客户能力、开发设计能力、交付能力、团队复制能力。我们都知道学习与发展中的"70-20-10原则"，这一原则同样适用于学习与发展工作者的自身提升。对于个体而言，要持续做以下三件事：

（1）多实践。实践是最好的导师，通过实践，可以更深入地了解所在企业的战略、业务、文化和运营流程等方面，并且要积极尝试创新的学习与发展项目，不拘泥于已有课程和项目，创造性地做一些开发和突破。

（2）多交流，输入和输出同等重要。向内看，跨出自身业务领域，多和企业内部其他部门的同事沟通，了解他们的业务模式、现状和痛点，这有利于设计真正符合企业实情的项目。向外看，多和企业外部同行、合作伙伴、咨询公司沟通。企业千万家，在人才上遇到的问题多有相似，和同行交流，吸取别的企业的优秀做法和实践，和咨询公司合作伙伴交流，吸取优秀的理念和方法论。

（3）多进行理论学习。学习与发展行业大大小小的论坛、线上线下分享有很多，积极参加是好事，但是还要注重系统性的理论学习。碎片式的信息和学习能给我们带来新的观点，增强我们的"肌肉"，系统性的理论学习能够构建我们的"骨骼"。我非常推荐大家多去参加一些系统性的学习，再去读经典人才发展和组织发展的相关书籍，建立自己的"骨骼"。

从作为企业大学 / 学习与发展部门负责人的角度，我认为在对培养团队专业能力时，要注意：

（1）建立梯队且因人而异的培养。在团队培养过程中，要区别人才的成熟度。我的建议是把团队分 2 ~ 3 层成熟度，不同梯队培养的侧重和深度皆有不同，不能把一堂领导力认证课安排给暂时没有团队管理经验的年轻下属，同样把一堂基础的 TTT 课程安排给有七八年讲师经验的下属亦不合适。针对不同的个性特征、不同的学习背景、不同的工作经历、不同的学习方式和特长兴趣，不可揠苗助长或杀鸡用牛刀。

（2）内部经验复制。业界认证的专业课和工具都非常贵，企业大学负责人在资金资源有限的情况下，我的建议是加强内部分享和复制，定期（季度、年度）对内部的项目进行分享，赋能给团队所有人。

（3）岗位练兵。作为学习与发展工作者，"颜值"、"口才"、"笔头"要擅长。颜值是指要有充满正能量的精神面貌；口才是指能讲课，能分享，能引导；笔头是指能写文章，能做课件，能线上开发。很多企业把这些工作内容都交给外部供应商做，从而使自己内部的团队不具备真正的专业能力。我的建议是给内部团队"压担子"，PPT 大赛、内部微课大赛、宣传海报等小技能经常拿出来 PK 一下，给予内部团队更多的课堂引导和交付的机会，这些必备的技能都可以在日常岗位中锻炼出来。

Q9. 像我一毕业就做人才发展，没有任何业务经验，当时感觉就是心有余而力不足，所以转而去做了一段时间业务。您觉得没有业务经验的培训经理怎么补上这一课？

A：不了解业务的培训经理如同无水之舟，我非常鼓励这样的培训经理有机会的话在组织内部轮岗到业务部门去历练。当然，不是每个小伙伴都能有这样的机会。如果暂时不具备条件，可以主动参与以下活动：

（1）深入参与业务优秀经验萃取，帮助部门提炼总结成功经验，帮助规模复制，同时加深自己对于业务的认识。

（2）绩效提升项目中流程梳理，用绩效提升的工具和思路来检视某种业务，去寻找绩效提升的可能。

（3）日常多与业务人员进行交流，了解他们的业务内容、困难等，在这里面最有效的方式是 BEI，从典型的行为事件中把握业务人员的工作。

（4）多阅读一些相关业务类资料，参与业务类分享交流。培训经理和学员最遥远的距离是鸡同鸭讲。要了解业务，就必须去学习业务类相关书籍和资料，小至关注企业所在行业的知名公众微信号，大至去系统性地参加专业课程的学习。

其实，学习与发展不怕你没有业务经验，怕的是永远没有对业务的把握和洞察，永远坦然地以外行自居。

Q10. 姜茶姐，我和我的小伙伴都很年轻，我们都知道有很多需要学习的地方，但是企业中的培训工作又非常琐碎，如何跳出日常事务性的工作，在这个领域更加专业？你对年轻培训经理的学习模式有哪些建议？

A：在阳光大学带的团队很年轻，很多是 85 后甚至 90 后。年轻的同事身上有非常好的闪光点，如学习能力强、创新能力很强，干劲足、互联网化等。我的建议是，不要迷失在繁杂的培训日常事务中，多向外看。

（1）多向实践学习。这里的实践不仅仅是指企业大学的优秀实践，而是要关心新的商业实践，将视野放宽放高，并且跨出所在的专业领域，多跨领域交流。

（2）多向经典理论学习，大量阅读经典书籍。我知道现在网络上能够学习的内容很多，你可以通过微信群、公众号、得到、喜马拉雅等很多渠道"学习"，但是碎片式零散的学习无法取代系统性的学习。要在自己脑内形成你的知识体系，最有效且"物美价廉"的方式就是大量阅读经典书籍，多读，反复读，读透彻，并且可以用自己的语言表述出来，真正内化。

（3）不要沉醉在技术本身的学习中。培训界流行各种各样的学习技术，很多人沉迷于技术的学习中。对于年轻的培训经理来说，学习技术在一定程度上可以弥补资历浅、阅历少等情况，但不能痴迷于纯粹的技术学习，学习技术只是手段并不是目的。

（4）要多与人交流，多观察优秀标杆人才的言行。读万卷书不如行万里路，行万里路不如阅人无数。

Q11. 从业这么多年，对供应商来讲，好的企业大学应该是怎样的？

A：（1）不爱学习的企业大学不是好企业大学。企业大学作为内部先进生产力和文化的代表，要有浓厚的学习氛围，快速、持续地去钻研经典理论，学习新方法和技术，探讨分享新的实践，在学习这件事情上要孜孜不倦。

（2）没有甲方心态。无论我在哪一所企业大学工作，无论是过去还是现在，我始终认为企业大学在与供应商合作的过程中，应该保持谦逊的学习心态，咨询公司或者培训机构是用专业知识帮助企业和企业大学成长的。

（3）需求明确，能作为内部的专业工作者与外部的顾问无缝合作，清晰地解读企业内部的需求，协助外部顾问或讲师发挥出最好的专业水平及能力。

第六部分

"菜鸟"的成长之旅

——培训经理成长之路

　　在培训与发展领域工作了许多年，见过许多培训同行，他们的职业发展历程主要有几种：一是过客型的，虽然在培训经理这个岗位上工作一段时间就去做别的工作了，但这个岗位对个人成长是一个非常好的锻炼；二是专家型的，在这个岗位上能够不断地学习，知道的理论和方法（尤其是学习技术和理论）越来越多，"套路"也越来越多；三是创业型的，在这个岗位上有一些积累和解决问题的心得经验，逐渐市场化，成为乙方顾问或自由职业者；四是综合管理型的，在这个岗位上不断纵深晋升，带领一定数量的专业团队，最终成为学习与发展部门或企业大学的负责人；五是一事无成型的，在这个行业干了许多年，始终徘徊在一些简单专业工作的层面。

　　无论是哪种，在初入这一行时都觉得既简单又具有挑战。简单的是，我们每个人对学习和培训并不陌生，即使从来没有做过培训岗位的人也能做一些如培训组织等事务性的工作；挑战的是，培训经理要不断研究学习者有效的学习行为是怎样发生的，并为此做一切的努力。进入这个行业的挑战往往不是在第一年，而是在从事一段时间后觉得瓶颈日显。

　　有无数同行问过我：如果成为一名有一定专业能力的培训发展工作者应该怎样进行系统化的学习？下面我们以姜茶工作室的名义邀请我的一些朋友以及前同事，用十堂课来回答这个问题。第一堂课由姜茶姐自己来讲述。第二堂课由我的创业伙伴艾亦菲来主笔，她曾是我在中国电信学院时的同事，后来加入互联网在电商公司从事 HR 及企业文化工作，她是一位非常聪明漂亮的心理学硕士。第三堂课由我在阳光大学的前同事陈禹廷介绍，她曾是富兰克林·柯韦公司的员工，她本人是"高效能人士的七个习惯"最好的践行者，总是有满满的正能量。第四堂课由我曾经多年的合作伙伴，也是多年朋友的朱玉芸主笔，他曾在 IBM 工作过，现在在一家优秀的领导力培训咨询公司万为治力担任顾问。第五堂课的主笔人是我在阳光大学的前同事，也是知名度超过我这个校长的一位优秀培训人，他的名字叫金增泉，可能许多人并没有听说过，可是换作"金会计"或"辣手催花"，则在线上培训领域有着众多的粉丝。第六堂课由我在中国电信学院时的前同事李娜主笔，她是一位非常干练的女生，口头表达和文笔都是相当不错的，我很自豪当初把她从综合部主任助理的岗位上游说到领导力教研中心工作。第七堂课由阳光大学前同事祁彦主笔，她在阳光大学每个业务部门都工作过，她有一股好强劲儿，凡是她担任项目经理的项目没有不好的，她对培训的理解和热爱是发自内心深处的。第八堂课由我在中国电信学院的前同事李渝鄂主笔，他曾是领导力教研中心的组建成员之一，后来担任教务部的负责人，之后到华为公司工作，他是我曾经的同事中最关注企业宏观战略研究的，是一个非常爱读书、爱思考的人。第九堂课由我在中国电信学院的前同事赵青主笔，她也曾是领导力教研中心的组建成员之一，她擅长的领域是心理学测评，是中国电信学院领导力评鉴中心的核心成员，目前她在光大证券担任培训与发展部总经理。第十堂课由我在中国电信学院的前同事任苗主笔，她擅长逻辑思考和总结归纳，有很好的文案功底，在多家房地产和金融公司担任过培训经理及组织发展经理职位。我希望以我这么多位前同事和同行们共同的智慧，为年轻的培训经理们吹散一些专业成长路上的雾气，多一些和煦的阳光，祝你们一路更加顺畅！请来看"菜鸟十堂课"，我们都还是菜鸟，让我们始终有一颗菜鸟之心！

▶ 第一堂课　学习与发展工作者的角色

1. ATD 对学习与发展工作的能力要求

加入这一行的几年间，我其实一直在寻找一个答案，什么是一个好的培训经理的标准，直到 2003 年中国电信集团开始派团参加 ATD 会议，才逐渐清晰起来。因为当时的美国签证很难办，所以参加的人不能太多，2006 年我也有幸亲身体验了 ATD 大会的盛况，那真是做培训与发展同人们进行职业理想教育的最佳活动，它会让你对这个职业充满自豪感！我也终于从这里找到了一名培训经理应该有的能力和职业要求（见图15）。

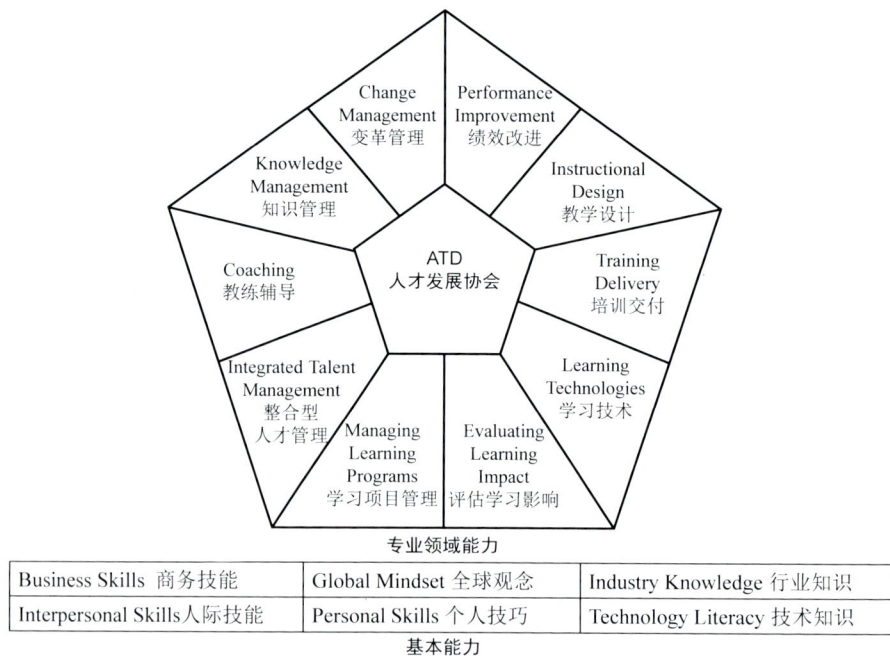

| Business Skills 商务技能 | Global Mindset 全球观念 | Industry Knowledge 行业知识 |
| Interpersonal Skills人际技能 | Personal Skills 个人技巧 | Technology Literacy 技术知识 |

基本能力

图 15　ATD 培训经理胜任力

当时看到这个岗位要求时觉得还是很全面的，岗位经验主要有培训交付、教学设计、绩效改进、变革管理、知识管理、教练辅导、整合型人才管理、学习项目管理、评估学习影响、学习技术。除此以为，培训经理岗位还需要从业者具备一定的商务技能、全球观念、行业知识、人际技能、个人技巧、技术知识。

2. 从业 15 年经历过的角色

虽然有了 ATD 的培训经理经验和能力要求，但怎么能一步步在岗位上锻炼出相应的专业能力，当时也是时而清楚时而模糊。今天回头看看，心中无比感恩自己遇到的所有岗位和工作任务，让我能从一个几乎什么专业知识都不会、由业务部门转岗的培训经理有机会成长为培训专业团队的负责人进而成为企业大学的校长。我就结合自己的职业经验进行以下角色的划分。

第一阶段：岗位探索期及专业成长初期

1. 培训班的组织

这几乎是绝大部分培训经理的第一份工作，组织一个培训班要求流程清楚、操作高效。主要工作分为三个部分：一是要根据之前的培训项目设计要求做好相关内容的安排及与老师的沟通，组织学员报名，安排学员及讲师的食宿，做好教室及相关材料准备等工作；二是要做好培训班现场的组织管理，协助授课讲师做学习活动的实施；三是做好培训后的总结反馈工作，做好培训线上的运营工作。以上工作繁杂且需要耐心，对人是很好的锻炼。这需要培训经理的组织能力和人际沟通能力，还要有一定的项目管理能力，要管好钱，管好时间，还要把控好培训质量。这个工作既需要体力也需要智力，一段时间下来往往很累。

2. 课堂学习的组织

这个角色需要熟悉每位参加培训的学员，了解担任讲师的每位顾问及他们的风格，不断地激发学习者的兴趣。虽然都是一些小活动，但也非常体现培训经理对培训内容的了解。

例如，在讲师上课之前的介绍环节，怎样能够恰如其分地介绍讲师，让他能与听众和学员建立连接，能让大家对下面的课程产生适度的期待、激发学习兴趣，这是我们介绍讲师的目的。我曾经听过我的一位同事在马云等互联网企业家演讲前的介绍，既表达了主办方对马云的重视和欢迎，也幽默地表达了对许多"坊间传闻"的兴趣，让现场的学习气氛一下子热烈而轻松活泼起来。在这个环节通常容易出现两种情况：一是提前没有做好功课，现场照着文字稿念讲师的介绍；二是由于培训经理自己对授课讲师特别喜爱或崇拜，现场介绍过于拔高，导致大家胃口被吊得够足，期望值太高，反而容易造成大家对讲师失望的结果，这种介绍方式也叫作"捧杀"。

课堂学习的组织还包括课前的活动热身及课后的互动提问和学习反思总结。课前的活动包括热身活动，主要目的是活跃现场气氛，让大家活跃起来，有一个精神饱满的学习状态。课后的与讲师互动环节也是很有价值的现场学习活动，更符合成年人学习的特点；对于一些重要的课程能在课程结束后组织大家有一个学习收获的总结就更好了。我常见到的情况是培训经理缺乏自信或者不能有目的地引导学员进行相关活动。这是一名培训经理的基本功之一，一定要勤加练习。

除此之外，课堂的学习秩序和纪律也是培训经理要重点监控的工作内容。在从业的许多年里我们在企业内部都在讨论要不要对学员的学习纪律进行管理，或者说怎么管。多年的实践告诉我要管，要认真管，当然也不能像中小学管学生一样管，我们提出了"热情服务、严格要求"这样的标准。几年下来，来参加培训的学员包括许多领导再也没有人把我们当作服务员，而是组织培训的"老师"。一种职业是否能赢得尊敬主要是看从业者的职业态度和职业化水平。

3. 课外作业的收集

成人课堂学习后的作业收集也是一个挑战的环节。经常见到的情况要么就是培训经理"拼死催债"，要么就是对迟迟不来的作业束手无策。我的经验是要帮助讲师布置有价值的作业，要传递班级中"你追我赶"的完成作业氛围，要帮助优秀作业完成者获得最大的成就感和激励。在移动互联网如此发达的今天，社群运营是交作业的"天然神器"。只有培训经理对作业认真了，学员才会认真。顺便说一句，对许多没有业务经验的培训经理而言这个环节是了解业务和学员的最佳时机。

4. 培训反馈的收集

收集培训后的反馈也是培训经理的一项重要工作，值得注意的是，反馈的起点在培训项目开始前，即在培训项目的设计中，而不仅仅是培训后的一张反应层级评估问卷。反馈系统的逻辑不应该只是面对学员的柯氏四层评估 +ROI

回报分析，而应该是涵盖学习者、学习者的直线经理、讲师、组织者等多个纬度。现在企业越来越重视培训所产生的价值，培训的反馈应该从对培训需求的满足和达成价值来考虑。

在培训部门以职能部门身份存在的系统里，获得真实有价值的反馈是有一定难度的。如果能在企业内部建立起"准市场化"机制，让市场的力量来投票，即好的培训会引来更多的"回头客"，差的培训可能面临成本都无法摊付的"赔本"状况，内部客户更愿意为"好的"培训埋单，这样的培训的反馈会更有力度，特别是在民营企业中。

5. 简单培训需求的采集

业界有许多关于培训需求采集的课程和理论，但深度了解培训需求依然是培训部门的瓶颈，这是因为我们总是试图将培训需求的采集流程化或半自动化，忽略了对人、工作、文化和企业发展的深度理解。理解这些需求才有可能是一个好的学习项目的设计原点。面对一堆反馈意见，不同层次的培训经理看到的是完全不同的学习要求，那么是不是意味着资历较浅的培训就不能收集和挖掘培训需求？答案是寻找企业培训需求的规律。按本书前面提到的三级爆品思路，不难发现一些企业学习与发展最规律性的需求，在发现和掌握这些规律的同时再认真了解企业内部现状，就不难掌握真正的学习项目需求了。

6. 培训班课程设计

企业内部有许多培训班是由于"为了办培训班而办培训班"，它们的起因有时是因为领导的一句话，有时是因为一个惯例，有时是因为要配合一下中心工作。这时不得不去寻找一些与此主题有关的内容。记得当初有一位央企领导谈"精确管理"，凡是能跟这四个字有关的培训内容都火了，而其中有许多内容都是风马牛不相及的。

从业多年的经验告诉我，要能快速匹配一些相关的培训内容必须有三方面的准备：第一是个人不断增长见识和学习，知道要培训的内容要解决一个什么问题，别人是怎么解决的；第二是要有一个专业圈子，身边要有一些培训专家，他们各自有所擅长，能在不同领域给出建议；第三是要了解一些优质资源的平台，能够快速从市场上筛选出最好的内容和资源。

除了有好的内容，还要有好的形式，越重要的培训越要加强学员的参与比例，没有参与就没有认同。要通过头脑风暴、行动学习、角色扮演大讨论、无记名投票、游学交流、论坛等多种方式让培训的作用持久。

7. 简单课程的开发

要能看懂别人的课，最好自己能学着开发一些课程。记得我参加开发的第一门课程是为客户经理培训课开发的 TTT 培训课程。当时几乎是从零基础开始的，一开始总感觉最挑战的是课程开发的方法，后来发现更主要的挑战是"肚子里没有货"，所以才觉得课程难以开发，或者开发的质量比较差。

课程开发可以从简单、通用、时长较短的课程开始。开始尝试课程开发的同时就是学习积累的开始，要多看同类课程是怎么开发的，学习一些必要的课程开发方法、成年人学习模式等内容，要多读开发课程主题内容的书籍，同时要多增加亲身实践和观察的机会，多做一些调查研究，慢慢地就会开发出一些可供企业内部使用的简单课程了。同时要向业内的经典课程学习，学习它们的设计开发逻辑和构思。

如果你还想在这个领域继续钻研，不妨将你开发的课程进行商用化的尝试，像一个产品一样在市场反馈中进行多次"迭代"，你会在这个过程中有巨大的收获。

8. 尝试讲授通用类课程

十几年间，我身边的同事有非常喜欢讲课的，也有非常不喜欢讲课的，也有介于两者之间的。这可能与每个人的性格、经历等多方面因素有关。我是非常喜欢讲课的那一类，我在担任培训经理这个岗位四年后开始走上讲台，这种感觉太奇妙了！尤其是在经过精心准备后，课程讲得不错时，那更能得到职场上从未有过的成就感，它让我充满自信，让我更加喜爱我的工作。

尽管每个人的喜好不同，但我还是极力建议每位培训经理最好都能尝试走上讲台，讲一门或一些自己擅长的课程，这对我们理解整个培训工作有着非常重要的意义。我们不再坐在教室的最后一排猜测学员的感受，而是作为讲师面对全班同学，看到他们的所有表情和感受。在我的课堂上有学员睡着的，也有眼睛中闪出亮光的，我心中很清楚他们是不是喜欢这门课程，这比课后的评估有效、准确得多！

讲师的经验能够帮助我们更好地做好培训与发展工作中的其他环节，对一群我非常了解的学习者我总是很自信地知道他们期待什么样的课程，什么会受到他们的欢迎。虽然我鼓励每位培训经理大胆地走上讲台，但是你必须做120%的准备才能去真实地实践，否则就是对他人不尊重，也是对你自己不尊重。我们对这个角色要有些敬畏之心。

9. 线上项目的运营及开发

今天几乎对每位培训经理，线上的支持和运营都不容回避，要能够在更长的时间和空间上与学员进行互动。有的培训经理会说我们有专门负责线上运营的部门和同事。说真的，我从来不同意这种说法。除了必要的系统和技术支持外，对一个客户来讲分段换人服务总是让人感觉不佳。

今天企业变得越来越快节奏、员工变得越来越忙，互联网让社区式的线上学习成为可能。总有人来咨询我应该用什么线上学习平台，而我认为比这个更重要的是线上学习的运营，比运营更重要的是培训发展部门自身所代表的文化。阳光夜校受到企业内外众多学习者的喜爱主要是因为它有很强的互联网"范儿"，它有那种积极的态度，最耀眼的是它有那种能吸引众多粉丝关注的"好玩"。

不要用机械的填鸭方式来对待线上的学习，"己所不欲，勿施于人"。例如，你在晚上九点的时候不愿意看一个什么业务学习的微课，就不要逼着别人这么干。否则，如果不是岗位资格考试，那么除了收到学习者对学习与发展部门的"仇视"之外，你不会收获别的什么了。

第二阶段：以专业为基础的价值贡献期

1. 开展企业内部专项调研工作

随着接触的学员越来越多，并且更多地能与一些中高层管理者对话，企业发展的方方面面的问题会逐步引起你的关注。除了正式场合的信息传递，你会越来越多地了解到一些非正式场合的信息，而你越来越知道可能这才是企业发展中真实的一面。企业的发展永远需要真实的信息、大多数人的真实看法。当然，好的培训项目也基于此，调研工作此时凸显出它的价值。

培训与发展工作平时有大量的人流量，做调研工作有得天独厚的优势。调研的方式也有多种，如一对一的访谈、一对多的访谈、焦点会议、问卷调研、无记名投票等。我曾经进行过的专项调研有企业内部正式沟通效率的调研、企业内部不同群体压力测试、绩效流程的调研、战略到执行的调研、组织变革的调研等。这些都可以成为开发培训课程和项目的依据及素材，比直接引用公共数据或事实有更好的效果，甚至可以将有些调研结果写成内参供企业管理层做决策依据。

2. 设计主题式培训项目

根据调研结果或企业发展的需求，聚焦某个主题来开发一个项目。这类主题往往是企业现阶段很突出的一个焦点，如一个变革主题、一个管理提升的主题等。这类项目首先要深刻地论述企业管理层为什么会提出这样一个主题，它的背景是什么，其他企业在遇到此类问题时的通常做法是什么，这方面有些什么主流的理论和观点。

在了解这些信息和背景后，就要展开内容和形式两方面的设计。内容方面要考虑大家是如何认识和理解的、企业现状的真实情况或客户的声音如何、企业当下的选择和做法如何。形式方面尽可能让大家参与、互动、进行深度交流。像本书之前介绍过的"赢在价值"项目就是一个类似项目的典型事例。

此时，你心中会越来越清楚所谓培训与发展是企业发展过程中的助推器，透过培训这种形式可以为企业战略落地贡献很大的力量。

3．绩效提升类项目

这类项目在前面提到过它的方法，做好这类项目的基础是在熟悉和理解绩效提升理论的基础上，一是要尽可能熟悉业务和流程，要有实践经验；二是要有一些教练和咨询的方法。绩效提升的项目要注意收集企业内外同岗位业绩数据，对这些数据的分析往往很有帮助。

4．战略类项目的开发

当培训与发展部门不断壮大或当企业成立企业大学时，战略类项目成为学习与发展部门必须进入的领域，用一句话说就是，怎么能让概念化的战略用清晰的、可量化的、可描述的形式影响到企业每位管理者。

涉及企业战略到落地执行的理论和书籍有许多，包括《平衡计分卡》、《战略地图》、《优势》、《执行四纪律》等，这些书籍难度依次降低。在互联网如此发达的背景下，我仍然觉得企业基本功非常重要，要有清晰的目标和目标实现的路径，并且能制定合理的绩效标准。只有深入这些项目中，我们才看得清企业内部发生着什么，这样的项目能直观地检视企业战略目标是否能落地执行，企业内部横向协同的水平、企业的组织能力是否支持企业的战略目标等。

这类项目的开始往往比较难，因为很多企业都没有这样的习惯，可以从一些有变革意识的业务单元开始试点。一旦尝到甜头，许多业务单元、事业部、分公司都会在每年三四季度时开展这个项目，形成一种组织习惯。我曾经带领团队在这个方面从 0 开始坚持了多年，并因此获得美国 ATD 颁发的组织发展提名奖。

第三阶段：以人及组织为核心的发展使命期

1．参与个人领导力项目

多年负责领导力与组织发展工作的经历告诉我，在学习与发展项目中，领导力项目对企业帮助是巨大的。一个优秀的领导者能点燃许多人的激情和正能量，而一个糟糕或不称职的领导者可能会浇灭一片人的工作热情。有数据统计，在企业中平均31岁开始担任承担带领团队职责的直线经理，通常要40多岁才第一次接受领导力方面的培训。想想这组数据都觉得非常震惊，我们身边有多少"无照上岗"的领导啊！

学习与发展部门开展领导力项目的难点有两点；一是没有好的资源；二是自己缺乏实践和理解。在这种情况下，我建议可以先从一些中基层领导力项目开始实施，在项目中最好有一些关于企业自身的开发内容，并且多动员一些企业内部的各级领导者担任内部培训师，这对学员和讲师提升领导力同样有意义。学习与发展部门要尽最大努力创造"领导培养领导"的机会。

在我从事十余年领导力项目的过程中，有两个项目对我帮助巨大。一是中基层领导力项目，经过几年的运营在企业内部共发展300多名直线经理担任这个项目的内部培训师，这个项目的运营本身就是知行合一的挑战，它让我及团队对领导力有了非常深刻的认识。二是2006年我参加了"领越®领导力"认证，当时认证我的是一位新加坡老师，与课程的内容相比她的言行给我留下更加深刻的印象，她深深鼓舞和激励了我，这次课程对我来讲是职业生涯的一次里程碑事件，它让我坚定了忠于这份职业的决心。

2. 内部讲师认证项目的开发

对有一定规模的企业，内部培训师队伍的培养必不可少。这项工作往往会经历几个阶段。一是拉队伍阶段，这个阶段的难点是培训与发展部门没有专业能力的支持，在这件事上往往显得信心不足，对说服内部培训师加入缺乏影响力。二是开发课阶段，如何组织内部培训师按专业、分层级地开发一些企业内部适用的专业课程及通用管理类课程，专业课程的价值往往很容易看出来，而通用管理类课程的价值还需要培训部门专业影响力进一步提升，通用管理类课程加企业内部常见问题的解决往往是一个非常好的管理升级、组织内平等沟通的机会。三是成为企业战略文化传播的最强音，企业内部的各级管理者，尤其是中高层管理者，他们的言行和观点在很大程度上影响着企业内部员工，如果他们能带头来讲企业的战略文化以及领导力等主题课程，对企业文化和梯队的意义将是巨大的，不能从普通课程的角度来看它的价值，这就是企业内部最强的声音。

这三个阶段对学习与发展部门的要求是不同的，第一个阶段要求具备内部培训师选拔和推荐体系、培养内部培训师的基本方法；第二个阶段要求掌握内部课程的开发方法，同时形成内部教学质量的保证体系，开展多样的教研交流活动；第三个阶段是要不断吸引优秀的中高层管理者加入，为他们提供更有针对性的提升辅导，让他们成为学习活动的代言人。

作为这个项目的发起部门，我们一定要选择做同路人，而不是旁观者。不断激励每位内部培训师走下去是这项工作的核心，我们要反复考虑内部培训师为什么会参加这项工作，他们的需求到底是什么。我个人曾经参加过一个内部中基层领导力项目，提任 300 多位内部培训师中的一员，与他们共同迭代课程、开发案例、练习实践，收获巨大，这个项目成为我职业生涯发展的拐点。

3．参与人才梯队发展项目

许多同行觉得学习与发展工作影响力很弱。其中有许多原因，究其最深刻的原因是做学习与发展项目往往在人力资源的大流程之外空转。许多项目的培养标准与平日对一个干部或核心骨干的评价、培养、晋升关系不大，甚至没有关系。所以有价值的人才梯队项目不是因为有多么牛的课程，而是融入了企业人才选、育、用、留的大流程当中去。

2009 年我们在原来领导力教研中心的基础上，成立了与干部选拔密切相关的"评鉴中心"。这样的机会让我们不但从专业上有了精进的机会，更多了将合适的人用在合适岗位上的视角和思考。企业在需要时就会有源源不断的优秀人才供应，这才是人才梯队项目的目的。

今天越来越多的企业都意识到了，人才不是用钱就能单独解决的问题。企业想基业长青，必须有自己的"子弟兵"。对于人才梯队项目的开展首先要区别不同企业的人才基础是什么。比如，很多国企的问题是精英太多、人才流程和晋升速度太慢；而绝大多数民营企业最大的问题是缺少优秀人才。在这类项目中，不要总想着用什么工具、用什么专业方法，而要深入了解企业的用人文化和人才"家底"，只有因地制宜才能做出人才梯队的好项目。

以上是15年以来，我从一个培训经理到企业大学校长所经历过的所有专业角色，这些角色带领我一步步思考学习与发展工作的意义和价值，给了我巨大的成长空间和机会。除此之外，管理角色的改变也让我能够站在更高的位置上看问题，让我有了更多的知行合一的实践机会。我担任领导力教研中心主任长达六年，这期间对我最大的考验就是我自己的领导力水平。多年来，在企业内部我不仅以一个讲师的身份存在，更以一个实践者的身份存在。要求下属和学员做到的事情，我自己是否能做到呢？这才是对学习与发展工作者和团队最大的挑战，它始终都在！

▶ 第二堂课　优秀企业大学介绍

业界有越来越多的优秀企业大学，它们的优秀不是从培训自身的角度来看，而是从企业的战略需求、人才梯队建设、文化现状、创新与变革、绩效达成情况等方面来看。能为企业现阶段战略目标的达成或者助力企业未来战略布局的达成有所贡献的企业大学就是好的企业大学。企业大学应该姓"企"，无论它有多么精专、多么宏大、多么有知名度，这都是企业大学唯一的评价标准。

1. 华为大学

"你们是否能够喊出你们的口号'这里是将军的摇篮'？如果不这样，你们就脱离这个时代，就像在世外桃源一样，就没有和现在形势的紧迫感结合起来，你们的重要作用就没有得到公司各个部门

的认同，这一点对你们很重要。我们要北伐了，你们不给我们培养
出将军来怎么行？都要好好想一想。"

——任正非

华为大学任总的这段关于华为大学的话在互联网上广为流传，这也是华为
大学的使命——将军的摇篮，华为大学要培养的不是纸上谈兵的理论家，而是
会带兵打仗的将军，培养出实干家。如何将一名基层士兵培养成一名优秀的将
军，华为通常要经过基层历练、轮岗赋能和深度研讨三个阶段的培养。

第一，基层做起。华为认为"猛将必发于卒伍，宰相必取于州郡"，所以
华为的管理者都必须从基层项目做起，并且创造出高业绩，在实践中不断锻炼
和提升，成为强兵方能晋升为强将。

第二，华为坚持轮岗赋能、训战结合。员工通过基层实践选拔后，将接受
跨部门、跨区域的岗位实践和参加相应的赋能培训。其中，赋能培训则由华为
大学来承担，训战结合，给学员赋予专业作战能力。"所有教的东西都是打仗
用的东西，明年出去打机关枪，就教如何打机关枪。不会教一个小兵如何在航
母上开大炮。"华为的培训并不是理论的堆砌，而是和业务部门一起开发了真
刀实枪的案例，通过实际案例的形式，给学员赋予专业作战能力，让培训高度
接近实战，最终目标就是作战胜利。

例如，华为的青训班是培养面向 2017 级左右后备干部的，用"项目管理"
作为主线去培养后备干部，但并不是纯项目管理的理论培训，而是模拟了一个
端到端项目管理和经营的全流程。所有学员参加一个 5 天的集中模拟训练，几
乎都是案例角色演练，过程中会穿插教练点评和最精华的知识点讲解。并且在
模拟训练结束后，学员会"脱岗"到一个一线的交付项目中实践两个月，去理
解交付的全过程，而且承担交付过程中的一个关键岗位，一个月后所有人要接
受由华大评委管理的答辩，不合格的就不能继续晋级。这种训练和实践真实结
合的方式，实时、实战、实用，正在让干部脱离了从教室里去学习的模式，而
是训战结合，从实践中来，到实践中去。

第三，文化和理念的深度研讨。基层历练和训战结合侧重于培养管理者的业务能力和管理技能，而如果要是优秀的将军，传承华为的企业文化和管理理念是必不可少的。因此华为在中高层干部培养中重视文化和理念的探讨，目的是让干部能够传承公司文化，在思辨与研讨中认同公司的管理哲学。每年，华为都要举办干部高级管理研讨班。在入学前，学员要自学《人力资源管理纲要》、《业务管理纲要》和《财经管理纲要》，用自己的亲身案例理解纲要中的管理哲学。在研讨班就做一件事情，参与案例研讨，每位参训学员要经历过三次研讨，分别聚焦纲要的三个主题。先组内讨论再全班讨论，配备高层干部作为引导员点评学员对从哲学到实践的理解和思考。研讨班之后每位学员还要提炼输出自己的案例和心得，参与公开评选。这样深刻深入的探讨，才能让华为的基因深入每位干部内心。

可以看出，华为在领导力培养方面始终坚持在实践中培养。当一位士兵经历了基层历练、轮岗赋能、训战结合和文化理念深度研讨后，在业务能力和管理技能上精湛，在战略思维、文化理念上与公司一致，将成为一名优秀的有实战经验的将军。华为大学每年培养数千名这样的干部，整个华为，将士一心，王者之师自然而言就诞生了。

2. 忠良书院——把行动学习变为工作方式

忠良书院隶属中粮集团，成立于2008年。忠良书院的"忠良"二字与"中粮"同音，取义于中粮的企业文化"忠"与"良"，即"高境界做人，专业化做事"。在中粮集团，培训是不断质疑反思、不断解决问题的方法，培训是工作方法，是团队决策的方法，是团队建设的方法，是推动人才发展和企业进步的方法。这其中最典型和值得学习的是忠良书院用行动学习推动组织转型。

在中粮集团内部将行动学习称为"团队学习"。中粮集团广泛而深入地进行团队学习实际上跟中粮的战略转型有关。2005年，宁高宁加盟中粮集团后，开始将中粮集团向全产业链粮油食品企业转型。这样的转型涉及商业模式、组织架构、业务模式、管控模式的调整，更涉及人的思维方式、企业文化的转变。

在此时，宁高宁把培训作为推动企业转型的最好切入点，在愿景、战略、流程、领导力、品牌管理等诸多关键转型方面都强调团队学习，从最高层到工厂，团队学习被运用得非常彻底。

宁高宁为团队学习赋予的意义是"从企业发展中的实际问题出发，通过培训会议的方式，引导团队成员在统一的逻辑结构和思维框架下，通过激发团队成员的智慧，达到达成共识、解决团队发展的重大问题、塑造团队文化的目标"。简而言之，就是用统一的逻辑，激发大家的思想，去解决问题。

在中粮统一的逻辑是什么？就是解决问题的六步法。它把解决问题的过程分为六个层层递进的步骤，即回顾工作（有什么）、查找界定问题（是什么）、分析问题根源（为什么）、制定可能的解决解决方案并选择（如何解决）、计划解决方案（制订行动计划）、执行解决方案（实施计划）。所有人都以这六步作为思考和解决问题的基本方式。

而如何在统一逻辑下激发大家的思想呢？中粮集团将团队学习分为六个环节。

热身：通过影片或拓展的方式，调动大家的激情，帮助学员将工作状态转变为学习状态。

导入：向学员讲解相关的理论和工具，确保学员理解开展的逻辑和方法。

研讨：明确要解决的问题，引导团队就某个问题或主题开展研讨。

催化：小组分别陈述，相互启发以引发集体反思。

关闭：点评总结大家的智慧。

执行：制订工作学习下一步的行动计划。

因此，团队学习六个环节以解决问题六步法为思维逻辑，每步中也都搭配运用了头脑风暴、鱼骨图、结构树等团队研讨工具，让所有学员都采用这种思维方式对问题进行层层分解和集体研讨。

在实际从上到下各个层级运用团队学习的过程中，中粮坚持以下六点：

第一，团队学习课题源于企业运营中所发生的重大的实际问题。

第二，培训要看到实际成果，因此参与成员是与课题相关的实际团队。

第三，采取结构化的研讨方式，即上述所说的团队学习六环节。

第四，每次培训结束都要形成具体行动方案，"带着问题来，拿着方案走"。

第五，摆脱"上课激动、下课不动"的状态，将培训成果转化为商业结果。

更值得学习的是，中粮真正把团队学习（行动学习）基本理念与方法根植于组织的血液中。中粮并没有为此建立一支专门的催化师队伍，中粮集团认为经理人就是所在团队的培训师、催化师，团队学习就是经理人推动工作、带团队的方法，使行动学习不再外在于工作，而是每个中粮人的日常工作和职责。

只有这样，团队学习才是有效的，真正做到激发团队智慧、改善团队氛围、解决重大问题、服务战略转型。

3. 社群学习的引领者——银联支付学院

2009 年银联培训中心成为独立部门，2013 年公司企业大学挂牌成立。由于银联处在快速变化的金融支付行业，新技术、新业务、新规则层出不穷，公司同岗位员工人数较少、工作非标准性强，因此配合企业这些特征，银联培训体系建设采用的是重点聚焦、分层建设、快速迭代、全面覆盖的方法。

银联支付学院认为培训应该从培训管理到培训经营转型。从品牌的角度，要造口碑、树品牌让学员愿意来；从内容和体验的角度，要设计精彩的内容、良好的培训体验让学员感觉好；从内外部培训资源的角度，要培养讲师、打造团队、整合资源做到有人干。在培训经营过程中，银联支付学院强调的是混合式学习屋——三 O2O 模型。培训应该是 offline to online（扩展学习渠道）、obtain to output（增加学习效果）、office to offtime（延展学习半径），并且培训可以做得碎片化、游戏化、移动化、社区化，让学员的积极性被高度调动起来、充分参与、寓教于乐。

2012 年开始，银联支付学院将全新的社群学习理念用于培训项目中，运用 O2O 的学习理念，积极探索"社群学习"的运作模式。企业大学通过精心的设计和运营，使一群人基于共同的兴趣、任务，交互式地发生群体学习行为。学习场域里不再是师生关系，而是人和人之间基于任务的学习互动和情感交流。

这样的学习体验好，游戏化，激发学习者的兴趣，有组织，大家抱团学习有归属感。

银联支付学院的这一理念在不同的培训中都有广泛的实践。例如，在2014年银联新员工培训中，项目经理以银河系联盟（简称银联）星际舰队游戏为主线，将企业文化、工作技能、专业知识的学习设计成一系列任务，学员可以自由选择，完成任务后获得"尤尼"（Union）币和经验值，可用于兑换战舰装备和晋升军衔。这类任务趣味性强，任务设置有清晰的目标，障碍和挑战逐步强化并且即时反馈，因此当时引发了学员狂热的追捧，深夜发布的任务常常在1分钟内就被抢光。在游戏互动中新员工加深了对企业文化理念和工作相关知识的掌握。

混合式学习屋的理念还被用在管理人才的培养上，如银联—中欧MINIMBA项目。该项目针对公司中级以下管理干部，以中欧MBA课程体系为主体框架，融合了银联文化、银行卡产业知识、内部管理等银联企业特色业务课程学习。项目的周期为6个月，分5个阶段实施，在项目中既有50小时的在线学习课程，又有5次案例研讨、3～5次线下活动，定期安排微信群、朋友圈的各类活动，部分学习内容还碎片化，便于大家在闲暇时间通过移动端学习。这种以社群学习为主的方式，极大地调动了学员的好奇心与认同感，营造了良好的学习体验。

除此以外，银联支付学院将以上学习理念与具体实践创造性地结合起来，并试点MOOC、翻转课堂等学习模式，其中运用社群学习理念创造了300人参加MOOC、299人完成学习、289人通过考试的优异记录（通常的MOOC通过率只有4%）；通过线上线下（O2O）结合，将课程中知识部分前置，在翻转课堂实现人均有效互动37次，学习时间延长到一个月的成绩等。可见社群学习的魅力不小！

4. 保险业的人才摇篮——平安大学

平安大学是国内最早的企业大学之一，成立于2001年。平安大学的培训体系覆盖所有正式员工，同时覆盖所有代理人和部分客户。平安集团的培训体系是 2+1 的板块构造，2 大板块是指超过 5 万人的员工培训和超过 25 万人的代理人，加 1 的板块是指客户和合作伙伴培训，是比较小的一块。

一直以来平安都被誉为中国保险业的人才摇篮，为保险行业乃至金融行业输送了大量的干部。据说，中国保险业高管中的 70%～80% 来自平安，有点类似世界 500 强中 170 多位 CEO 来自通用电气的情况。反观平安，虽然人才流动频繁，但总有点"流水不腐，户枢不蠹"的意思，相关业务依然保持高速发展的势头。这背后靠的是什么？或许就是人才地图和高潜特训营。

（1）人才地图。平安每位员工都有一张个人的三维图。三维图上表现的是个人绩效排名、个人胜任力及未来发展趋势。通过这张图个人可以找到自己在组织中的位置和发展方向，企业可以实现对人才的全方位立体评估，令平安潜才、团队组织成员之能力一目了然。这种对全体员工精确的把握使得平安的潜力干部培养体系十分成熟，任何一个岗位几乎都有后备人选。

此外，人才地图上的胜任力模型通过战略规划、结构导向、落地执行等八个维度对每个岗位的员工进行评估，员工可以根据自己的优势和短板在平安大学学习相关课程或进行轮岗训练。

（2）高潜特训营。在运用人才地图识别选拔出高潜人才后，平安大学为打造高管后备梯队会开展"高潜特训营"。遗憾的是，无法找到关于高潜特训营的丰富内容，但是对于这个对培训可以重视至此的公司来讲，可窥之一二。据说，从学员筛选、教案、备课到上课，称得上不吝时间、不惜工本。不仅是因为有量身打造的高端课程，更有内外部高管惊心动魄的实战案例讲授，马明哲自己至少讲授半天的课程。高潜特训营被定义为公司高管的标准晋升通道。

是什么让平安的培训一直处于中国本土企业的领先地位？或许在于具备先进的培训理念和完善的体系，或许在于平安培训的高效率，或许在于平安集团对培训的重视程度。一直以来，平安都把企业培训与人才培养当作公司的最高战略来执行，看重的是将知识转化为价值，关注综合的素质和能力，看最终在经营实践中的成果。

在平安金融管理学院十周年庆典上，董事长马明哲说过这样一句话："培训有多强，决定了平安人才竞争力有多高，人才竞争力有多高，决定了平安能走多远。"

5. 能文能武的用友大学

用友大学是用友集团的独立内部培训机构，成立于2008年。用友大学在"上接战略，下接绩效"发展战略的指引下开展培训工作，在建构主义教学思想、精品课程开发方法、五星教学、行动学习等方面都大胆探索和创新实践。

（1）课程开发。用友大学的精品课程开发的理论依据是建构主义，即提倡在老师指导下的以学习者为中心的学习。老师的角色不是知识的灌输者，而是催化师、教练，学生是课堂的主人，需要积极投入、认真思考、相互启发。具体在课程开发中，"五星"和"五行"是用友大学在课程开发中始终考虑的。

在教学方法方面，用友大学践行的是美国戴维·梅里尔教授的"五星教学法"：聚焦问题（Problem-centered）—激活旧知（Activation）—论证新知（Demonstration）—应用新知（Application）—融会贯通（Integration）。因此在课程开发的过程中，师生互动的过程是必须考虑在内的。

用友大学的田俊国先生提出开发精品课程的五行：

① 目标：目标必须是表现行为目标，即聚焦学员具体行为表现，如改变什么态度、完成什么任务、解决什么问题。

② 内容：内容根本上必须紧贴业务需求，并且要将内容区分是知识、技能还是态度，不同的培训内容采用相应的培训方式。

③ 形式：形式要灵活，将培训内容以创新生动的形式精彩演绎，给学员丰富而深刻的体验。

④ 逻辑：好的课程必须逻辑贯穿，使内容要素各归其位，甚至一门课程可以有多条逻辑线索。

⑤ 过程：过程设计要综合考虑教学内容、学员一天中精力兴衰的规律和

认知过程的规律。

在 2009 年年初，用友升级绩效管理制度，为了实现绩效管理体系的全面升级，用友大学打造的"将绩效进行到底"精品课程就非常符合"五行"的课程设计和开发思路。将公司绩效管理的实际案例糅合成故事，虚拟一家用友的分公司，描绘公司不同角色之间有关绩效管理的场景再现和矛盾冲突，并且拍摄成影片。以故事的推进为主逻辑，将制度的诠释、关键的技能都镶嵌到故事中。每段视频都可以联系到绩效管理制度中，引发学员的讨论。课程就成了这样的结构：抛出问题、观看视频、引发讨论、诠释制度，遇到核心技能需要学员掌握的，当堂练习。课程完全像讲故事，在故事中融入了知识和技能，学员在看完视频讨论后理解新的制度，练习关键的技能。

（2）行动学习。除了课程开发，用友大学在行动学习实践方面也是深入而广泛的。行动学习的第一次实践起源于 2010 年干部与专家夏令营，首次在研讨环节采用了行动学习的方法帮助干部大讨论，引起非常好的反响。自此，行动学习在用友集团内部广泛实践，成为一种先进的工作和组织学习方式。

行动学习保证战略规划制定与落地：每年年底 / 初，事业部和分公司开始忙碌新的一年业务规划时，大家都自觉自发地采用了行动学习的形式进行年度业务规划。

行动学习助力业绩冲刺：在每年四季度全年业绩冲刺的关键时刻，很多体验到行动学习价值的分公司总经理都主动邀请用友大学派催化师去分公司进行"全力冲刺，超额完成全年业绩"主题行动学习。

经过几年行动学习实践和创新，用友大学相继开发出"主题贴吧"、"平衡轮"、"新用友故事"、"业务 +"新的行动学习工具，广泛应用于用友集团，取得了非常好的成效。

在用友大学，精品课程开发和行动学习是相辅相成的，就如田俊国先生在《精品课程是怎样炼成的》的一书中提出，在建构主义的基础上，对有问题没答案的"病构"问题，采用行动学习方式找答案、达共识，对有问题也有答案的"良构"问题，采用精品课程和五星教学相结合的方式培训，行动学习作为课程开发的手段，课程可以看作行动学习的成果整理，相辅相成。

6. 另辟蹊径的湖畔大学

湖畔大学放在这一章或许有些突兀，因为它并不姓"企"，但因为它的特殊性，所以还是在此介绍一二。在成立之初就备受瞩目，因为是由柳传志、马云、冯仑、郭广昌、史玉柱、沈国军、钱颖一、蔡洪滨、邵晓锋等九名企业家和著名学者等共同发起创办的。湖畔大学强调坚持公益性和非营利性，目标是培养拥有新商业文明时代企业家精神的新一代企业家。自它诞生之日起就众说纷纭，有人说是打造企业家的黄埔军校，也有人说是新型玩"圈子"。在我们自己下判断前，不妨一起来看看这是一所怎么样的大学。

（1）这所企业大学不姓"企"。湖畔大学于2015年成立，马云出任首任校长，曾鸣教授任教务长。2017年4月19日，曾鸣教授出任校长。然而，湖畔大学和本文上述提及的企业内部的企业大学不同，它不隶属于阿里巴巴，不服务阿里巴巴内部员工。它是一个独立的非营利的公益组织，面向外部，发现和培养真正具有企业家精神的创业者。

（2）入学门槛"高破天际"。湖畔大学每年招收一期学生，至今招收三期学生。（这么一算，2015年3月入学的学生还没有从湖畔大学毕业。）湖畔大学的入学门槛非常高，必须拥有"三年创业经验、三十名以上员工、纳税三年，并拥有三千万元营业额"。就算你都符合了这些条件，也不一定能上，因为报名者必须有三位保荐人，其中至少一位指定保荐人，还需要经过淘汰率极高的面试。这么一算,坊间传闻的湖畔大学的录取率比斯坦福还低看来不是莫须有。

（3）在湖畔大学学什么。根据目前湖畔大学公布的资料，湖畔大学的学制为三年（两年集中学习，一年跟踪期）。前两年每两个月集中学习四五天，并且开展一家企业的小组案例研究，后一年为跟踪期，并且全程都贯穿湖畔大学APP在线学习。

而在学习内容方面，第一期的学员学习的是"战略"、"组织变革"、"创业者的征途"、"慧眼禅心"、"硅谷游学"、"DT时代"六大模块，由马云、冯仑、史玉柱、张维迎、彭凯平、高晓松、史蒂夫·施瓦茨曼等授课。在经过一年的探索后，2016年湖畔大学披露已经形成清晰的教学体系，主要包括"中国民营企业三十年"、"DT时代的商业"、"百年系列"三大系列。以"DT时代的商业"为例，课程设置包括使命愿景价值观、基础设施、生态战略、用户与产品、资本与公司治理、领导力、组织创新、游学、反思失败等模块。"百年系列"的课程包括科学与技术史、商业与财富、社会与文明三大模块。

除了这些，湖畔大学还有一些听起来和商业无关的课程，如第一期学员在开学第一天集体学做木琴，第二期学员要赛皮划艇等。

写到这里你或许会说，其实湖畔大学是一所MBA学校，笔者认为"是，又不是"。其实，哪个企业家是通过短期培训出来的呢？按照马云的说法，创业赚钱的事情，早就应该在入学前做完了，也确实湖畔大学的学员完全是平凡人眼里的"成功人士"。湖畔大学主张的是培育真正的企业家精神，企业家要懂得保持基业长青，应当有觉悟去承担社会责任，推动商业文明发展。

▶ 第三堂课　经典培训产品赏析（一）

作为培训与发展工作者，除了一些可能熟悉的业务培训之外，如果想学习一些通用的标准课程，建议从表达沟通类和职场通用类课程开始。这些课程包括如何讲好一堂课、如何进行公众演讲、公众讲演逻辑、如何用积极的心态看待工作及生活等内容。在这里我推荐两门优秀课程；驻足思考和高效能人士的七个习惯。

1. 驻足思考（Think on Your Feet，竞越培训公司）

这是一门帮助学习者清晰、简练而有力地组织并呈现思想的课程，它能通过一套有效的方法提升语言表达水平，尤其是在即兴的情况下帮助学习者组织语言、发表得体的公众讲话或演讲。以下我根据课程的结构来做一个介绍。

这门课程并不是那种试图纠正糟糕的仪表、笨拙的身体语言或拙劣的用词的，课程的专注点是思考，即如何迅速而合理地思考，不管是悠闲地思考，还是快速地思考。而我们都知道，思考始于大脑，依靠结构。结构计划是这门课程的核心概念。结构让左脑准备就绪，将在右脑中加以组合，从而把两边联系起来。

为了能够清晰地讲话，我们必须清晰地思考；要实现畅通无阻的沟通，必须确保自己的想法被别人理解。让人理解的途径要完全根据听众的特点而制定。无论你是在现场回答问题、在会议中表达意见、讲解复杂的信息、推销产品或服务，还是为自己或公司做宣传，清晰的沟通都遵循三条原则：

（1）分析。直达核心，要让你自己的话题组织成逻辑上相互衔接的片段，帮助你记住自己的事实和论点。它将帮助你不偏离中心，而且始终做到简明扼要。

（2）分离。将思想区隔分明，将思想彼此清楚地区分开，你就能保证自己在听众消化了第一个思想后，再给他们第二个思想。

（3）推进。让你的逻辑流畅。按逻辑的顺序整理自己的思想，这样，每个思想都建立在上一个思想的基础上，从而形成向前推进的动力。这种推进会增强思想的能量和力度，有助于说服听众。

为了让表达逻辑能够清晰、简洁、有力，课程中推荐了几种在思考时可以思考的结构。

（1）时钟计划。这种计划以时间顺序安排话题。推进计划是不可阻挡的时间流逝，计划的动力是时间。时钟计划让你采用非常简单的方式构建想法，如果你身处压力之下，没有太多时间做出响应，那么可以运用时钟计划作为方便的急救手段。

（2）三角形计划。这种计划通过方面、层面或视角的方式安排信息。这种计划适用于相当严肃的话题，此时，你希望向听众表现出你的慎思和公正，它能传达你全面看待问题的能力。

（3）环球计划。这种计划以地理位置或视觉区域作为其结构过滤器。大家都能"看到"地图，因此你就能让听众不仅在头脑中，而且在视觉上追随你的讲话。这样的计划适用于增加视觉冲击力、平息紧张情形、探讨大型话题的情况。

（4）变焦镜计划。这种计划通过视野的变化而产生强烈的视觉运动。它透过同心圆带动听众，从小、中到大或相反方向。这种计划就像镜头的移动那样能给人带来兴奋，即发现同一事实放大或缩小景象所带来的急切的好奇心。

（5）钟摆计划。这种计划依据的是德国哲学家黑格尔的辩证推理：正、反、合。你描述相互对立的选项，并建立起"合理"的中间立场的渴望，它让你承认两种相异的观点，然后将听众引向中间立场，从而在僵局中实现行动。

（6）收益计划。这种计划推介、推销事物，旨在说服他人，该计划依据的是事物怎样让听众受益。如果你说的话题是产品、服务或人员，而非理论或意见，你就可以加以概括此事物对听众的作用，从而建立起很好的推动力。这种计划适用于呈现新的产品、思想和服务。

以上内容已经足够普通的演讲者进行"美美的发言"了！如果是两天的课程，还会有图景计划、正反计划、骨牌计划、5W 计划等发言逻辑的学习。这门课程在大量练习中能够明显提升学习者在现场的演讲能力，受到许多学习者的欢迎。

2. 高效能人士的七个习惯（Franklin Covey 公司）

很多时候和培训的同行朋友聊天，一方面会谈到最近有什么新课，做了什么项目，另一方面就是上过的什么课还在持续有用。在写这篇推荐文章之前，我特别认真地梳理了一下在过去 12 年的工作中，我参加过、旁听过的各类课程。在超过 50 个主题的课程中扫描时，我不断地问自己到底哪些还在深深影响着我，并开启了我人生的快捷键，并将持续扩大它的影响。我的答案如此肯定，它就是美国 Franklin Covey 公司的"高效能人士的七个习惯"版权课程，也被无限次引用为经典的培训课程。

遗憾的是，在我接触过的培训同行中有一些人因为很多复杂的原因，对它存在着很多误读。我想从这个角度分享一下，试着通过这些片段的对比，帮助你在组织和运营学习项目时做更适合的选择。

关于课程本身

（1）看起来成功与幸福圆融的人生。课程的创办者史蒂芬·柯维博士在翻阅近 200 年管理类书籍时，发现前 150 年的书注重的是品格的修炼和价值观的塑造，近 50 年的书更偏重技巧和看起来成功。这个有趣的发现让他联想到加州的红松，如何能够扎根土地屹立 150 年不倒，不仅仅是因为根系茂密，更是根和根之间紧紧相连。柯维博士把个人的品格比喻成大树的根基，技巧和能力是大树的枝叶。这门课程想要描述和影响的绝不限于枝叶，而是通过习惯的不断重复和养成来塑造价值观和修炼品格。在这个功利和浮躁的世界，很多人和很多商业课程在追逐着看起来成功时，你发现那并不是你愿意改变的源头，而课程中触及的人在不同角色中都做到了高效能才是真正幸福圆融的。

无论一个人有多大的能力，也不能保证能够获得持续而永久的成功，除非他能够有效地管理自己、影响他人、顺畅协作并持续提高和更新自身能力。这些元素是个人、团队和组织效率的核心，也是七个习惯课程的收益。

（2）效率与效能。课程的名字经常会被不准确地说成"成功人士的七个习惯"、"七个好习惯"等，可实际上它的重点落在高效能上，英文是 Highly Effectiveness。效能与效率最大的不同是，前者不仅仅让你在今天获得期待的结果，更能在明天获得期待的结果。很多时候，我们谈目标和成功会忽略时间这个概念，可短时的利益放在整个人生的旅程中，你的选择就截然不同了。创始人史蒂芬·柯维博士也提到习惯本无好坏之分，关键是你的选择和期待的结果。高效能是个人在不断成长中的追求，它用上升的螺旋式持续成长模型诠释了如何真正收获高效能的工作和生活。

（3）成功学与战胜自我。整个课程的框架围绕着持续成熟模式图展开，柯维博士将人的成熟分为三个阶段：依赖阶段、独立阶段、互赖阶段。从依赖跨越到独立需要前三个习惯的支撑，从独立阶段到互赖阶段需要养成四、五、六三个习惯，做到了前三个习惯就做到了个人成功，做到了四、五、六三个习惯就实现了公众成功。那么说到这里问题来了，我经常会听到有人说我们的培训学员都挺成功的，年薪百万元。你这是不是成功学啊？可事实是，课程本身英文的个人成功并不是 Success，而是 Victory，体现的是战胜自我。它和所谓的成功学很遥远，而是用切实的思维、行为、结果三个维度提升个体的自我管理和人际管理能力，解决的也是个体在不断成熟和成长的轨迹中最难解决的战胜自我的问题。如果你希望改变，尤其是由内而外的改变，希望你的学员改变，尤其是思维改变，那么这门课程很适合你。

（4）道和术的取舍。市场上有很多课程，它们主题鲜明、包装新颖，它们有多个模型、多种工具和流程，它们很容易快速解决一个小问题，或者套用工具就能上手。这些有用，也容易落地，可这些也很难持续有用，它来得快，去得快。仔细回顾一下，真正影响你的一定不仅限于工作和方法这些术的层面，而是价值观、思维这些道的维度，因为改变一定是由内而外、发自内心的，术的层面更容易捕捉，道的层面显得虚幻，可"高效能人士的七个习惯"是我经历过少有的道和术相结合的一门课程。它通过习惯给出具体的方法、步骤、实践的工具和建议，也通过习惯带来的行为改变影响和塑造了品格。同时课程的结构在于，每个习惯都先讲思维，再给方法和行为，因为行为的改变是一小步，思维的改变才能带来质的飞跃。

（5）心灵鸡汤与方法论。在给很多90后上课时发现，他们是反鸡汤的，有时正能量的话说多了确实会遭人反感，不要和我谈工作理想，我的理想就是不工作。你如何去影响他们？鸡汤显然是收效甚微甚至无用的，那么方法论和有意思的实践就截然不同了。柯维博士在给很多公司高管做顾问时发现，人之所以能拥有幸福高效能的人生是有一个规律和框架可遵循的。这在25周年纪念版的同名书籍的序言中，管理大师吉姆·柯林斯也提到过，他把高效能人士的七个习惯形象地比喻为个人效能提升的操作系统，简单且行之有效。我不和你谈虚的，和你谈的是如何带你做到，且课程问世 28 年来，光是实践的成功案例就已经出版了三大本书。也有人试着改变这七个习惯的顺序甚至增加和减少，发现都不适用，因为七个习惯很重要，可七个习惯内在的联系更重要，无论是先开始实践哪个习惯，最终都会实践这七个习惯。经得起推敲和质疑，有品牌，有口碑，有实力的迭代更新，有专业的讲师团队，也是这门版权课持续受欢迎的原因所在。

（6）过时了与历久弥新。柯维博士在 1989 年研发并讲授了这门课程，后期才出版的同名书籍，截止到目前该课程已经问世 28 年了。很多人都会说，这门课都这么久了，早就过时了吧，谁还选择这么老的课程。很明显这是片面的误读。柯维公司所传授的内容不是某种流行时尚或管理技巧，而是经过时间的考验并且能够指导行为的基本原则。通过彻底思维的改变达到行为的改变从而加强组织内部的管理机制，培养组织内部的共同语言和价值观；在全球每年有 75 万人次参加富兰克林柯维公司的培训，而该公司也因其优异表现连续五年入选中国三大培训公司，并在 2000 年被《中国人事杂志》(China Staff) 评为中国最杰出的培训公司。该公司每年全球收入的 15% 会用来研发迭代。目前国内已经更新到 4.0 标准版本，采用训前测评、反馈、面授培训、线上辅导、企业内部认证内化、领导者实践等多种形式支持高效能的企业实践落地。课程内容也运用讲授、视频案例、角色扮演、互动练习、研讨等多种形式引发学员的思维和行为改变，达到更好的效果。

关于适合人群

职场新人与老司机？很多人认为这门课程讲的都是常识，对心智模式成熟的老司机不合适，只适合职场小白，可事实上却不限于此。先看一下创始人史蒂芬·柯维，他是哈佛大学企业管理硕士，杨百翰大学博士。他创立了柯维领导中心，也是 Franklin Covey 公司的联合主席，不仅是影响美国历史进程的 25

位人物之一，也被誉为领导力大师。柯维在领导理论、家庭与人际关系、个人管理等领域久负盛名。

他开发并讲授的"高效能人士的七个习惯"课程是一门领导力课程，解决的是领导自我和领导他人两个层面的挑战，那么在不同的工作阶段和人生阶段，领导力都是需要不断提高、螺旋上升的。只是课程的实际案例和深度，会因为学员群体的不同而做相应的调整。在很多知名的国企、民营企业和500强外企的高管受训时，反而发现，帮助学员在关键阶段清晰人生的使命和新的发展目标，是非常有价值和意义的。看过非常多的真实案例，找到内心的声音甚至帮助下属找到心声是柯维博士诠释的领导力本质。

关于课程收益

（1）个人高效与团队收益。很多人以为课程就是对个人有帮助，可事实上课程对个人、团队和组织都有价值。

对个人而言，你会更加成熟，效率更高，自我管理能力更强，心态和思维转变更快，更积极地面对挑战和负面情绪;也能够集中注意力，制订翔实计划，优先解决紧要事务，这就是自我管理的精要。

对团队而言，会增加团队凝聚力、士气和合作，同时提高沟通能力，强化人际关系。

对组织而言，可以帮助统一语言，塑造核心价值观，为创建高效的企业文化创造框架，加强培养现任和潜在的领导者，使其无论是在能力还是人格方面都堪称表率。

（2）知易行难与承诺实践。我们看到很多培训课程都会存在知易行难的问题，知道和做到之间就是世界上最远的距离。高效能人士的七个习惯框架模式就注定了它的不同，所有的习惯都有内在的联系，你想要做到习惯六收获创新和团队共创的果实就必须做好前五个习惯，所以不管你从哪个习惯开始都会实践这七个习惯。同时，每个习惯都运用思维、行为、结果三个维度从线上线下打通由思维转变到行为实践的通路。配备的跟进实践课程及企业内化的认证内容深度定制和结合企业实践，把领导者变成承诺者和实践者，受益后带领团队实践。领导者承诺，以身作则，团队实践和应用。

（3）盗版与正版。版权的背后是对知识和劳动创造的价值的肯定。在国内作为一门培训课程的版权保护变得那么不堪一击，抄袭的低成本背后带来的是版权保护的高成本。柯维公司的做法是不断地迭代更新，在你还没有把新版本学到时，已经出更新的迭代版本了。迭代本身又是一种产品创新，如果你想确保听到的是最原汁原味的内容、最准确的解读和引导，如果你的受众是对公司至关重要的管理者或者核心人才，如果你需要课程的标准化和经典内容，如果你想确保安全和持续有效，如果你想使用最新的前沿科技辅助你的学习，正版肯定是你的不二选择。成本增加的背后，要去衡量受众对象的价值，为高价值的员工提供版权课程或许性价比更高。

写在后面

我自身因为这门课程更清晰了个人的使命和愿景，并因此勇敢地跨出了职业选择，做自己喜欢的事儿、擅长的事儿，也收获了更快乐积极的心态和语言、行为，这深深影响了我的家人和孩子。你的努力和改变带来了身边人的改变，就真的像一粒种子一样，不管在哪里都会生根发芽，一不小心有可能改良了土壤。

我也看到很多学员因此走上了更高效、平衡和快乐的工作生活轨迹。每天积极地面对挑战和未知，拥有更清晰的目标和方向、更坚定的信念，并且在不断地实践、实践。我们成立了很多七个习惯的粉丝群，大家经常在其中讨论实践的案例，包括工作中的和生活中的，我看到那些变化是有力量的。

还有很多企业内部认证的讲师，他们在实践的路上走得更远。有的甚至买了 5 000 多本书，送给公司的客户、亲人和朋友。每个践行者都知道它其中的秘密。如果你认真学、认真读，你也会因此而改变。

艾略特说，我们必不可停止探索，而一切探索的尽头，就是重回起点，并对起点有首次般的了解。知行合一，我相信它，相信就是一种不可低估的力量，知而后行，行再带来知的升级，在自我成长的道路上，永远都只是开始。

▶ 第四堂课　经典培训产品赏析（二）

　　入行十几年来,总是被前辈这样教育的同时,也在不断地影响后人——"培训并不能够解决所有问题"。这个观点似乎成了培训工作者难以诉说的心魔，成了自缚手脚的捆绳，成了让自己陷深两难的泥沼。优秀的培训工作者从不甘心在"培训"两个字上下虚与委蛇，我们追求设计出的课程或项目是帮助企业持续获得能力和文化沉淀的产品；我们渴望用柯式评估系统中最终的"业务结果"来衡量一个培养项目的价值；我们希望更加积极地站前一步获得业务部门的投入与认可，让培训发挥更大的影响力。然而，现实总是比理想骨感，即便再优秀的培训工作者，也曾无奈于培训对个人行为与绩效的影响确实有限，也曾苦恼于设计初衷与培养效果之间总存在着人为折损，也曾屈就于，在关键时刻，培训总得让位于业务的无奈。

　　但是培训业界也总有些流传已久的"经典传说"，这些"经典传说"或颠覆了传统的教学设计思路，或给企业带来了翻天覆地的变化，或影响了一批人的信念与行为。这些"经典传说"也一直激励着我自己以及培训圈里的小伙伴，始终心怀梦想、脚踏实地，扎扎实实地创造出能够真正助力于中国有企业业不断成功的"经典"。

　　这里推荐的两堂经典培训课皆和我的老东家 IBM 有所渊源，一门是"关键时刻"（Moments of Truth）；另一门是"业务领先模型"（Business Leadership Model）。之所以被称为"经典"，它们都符合三个标准：

　　（1）创新体验：创造或革新了一种教学模式或教学体验。

　　（2）历久弥新：内容回味无穷，经得起时间的考验。

　　（3）价值意义：改变了一群人，甚至改变了一家企业。

1．经典课程之一"关键时刻"（以下简称 MOT）

2004 年，我毕业进入 IBM 的第一年，MOT 是我接触到的第一个课程。那一年我参加的第一个咨询项目，就是将 IBM 解决方案销售与服务的经验方法转移给当时中国最大的固网通信服务商，以助力其大客户团队从服务向销售的转型。而 MOT 是方法转移过程中赋能销售团队，并推动以客户为中心的服务意识建立的非常重要的一门课程。而给我留下印象最深刻的是，MOT 于我这样的毕业生听来也毫不费力。一方面，两天的课程满满当当，其富有设计感的对比视频、节奏紧凑并处理到位的教学活动，对学员参与感的充分调动，让我第一次见识了什么是一个完整且经典的教学设计。另一方面，佩服 IBM 的勇气和自信，敢于自爆自黑，敢于把自己的失败经历拍成录像，编成课程推广到全体员工甚至客户中，用自身文化转型的真实经历，助力并影响着客户的转型与变革。

我总结了两点 MOT 的经典推荐理由。

第一，其价值意义在于，用一堂培训课推动了 IBM "以客户为中心"的企业文化的警醒与转型。MOT 的理念并不是由 IBM 提出的，在北欧航空前任 CEO 卡尔森所写的《关键时刻》一书中描述到："去年一年中，北欧航空总共运载 1 000 万名乘客，平均每人接触 5 名员工，每次 15 秒钟。也就是说，这 1 000 万名乘客每人每年都对北欧航空'产生'5 次印象，全年 5 000 万次。而这 5 000 万次的'关键时刻'，决定了公司未来的成败。"所以 MOT 是一个关键指标，是对客户导向的具体衡量。因为对于客户而言，其对一家公司认知的建立是由那些"关键时刻"堆积而成的。而客户的认知一旦建立,就很难改变。而 IBM 当时正在遭遇一场认知危机。1992—2001 年是其百年历史上经历的起死回生的十年。1993 年 1 月 19 日，IBM 宣布 1992 会计年度亏损 49.7 亿美元，这是当时在美国历史上最大的公司年损失。同年，郭士纳入主 IBM，开始了他力挽狂澜的传奇之旅。而 IBM 引以为豪的企业文化，成了影响公司转型最大的阻碍。在当时客户的认知里，IBM 的服务和产品都是"套路"，不顾客户需求而是理所应当地认为客户应该接受 IBM 的下一个 "BOX"，并不把客户放在第一位，而是把对技术的自以为是和内部的冗长流程放在第一位。为了改变这些 "文化惯性"，郭士纳在 1994—1996 年推出了一系列围绕领导力的改革动作，而 IBM 的领导力模型和 "WIN、EXCUTE、TEAM" 三大价值观的提出就是其中标志。后续为了不断让 "以客户为中心" 的文化深入人心，MOT 应运而生。耗资 800 万美元开发，并推动其成为所有员工的必修课。它的价值更在于帮助员工明确树立了优秀客户服务行为的 "标准"，让员工心中对以客户为中心的优秀行为不再模糊，让员工可以照着干，而不是想当然，是 IBM 文化重塑过程中的一座标杆。

第二，其创新的教学体验在于，用情景化的真人案例模拟地刻画出了客户服务中的一个个 "关键时刻"，同时用理想和现实对比的情景案例，树立标杆行为，引发深刻反思。课程中设计了一家纺织集团 Filtex 在做出一项重要的 IT 战略性投资决策的过程中，与他的长期 IT 供应商 MYCO 所经历的五个关键时刻：

（1）无辜的留言者。

（2）好意的同事。

（3）繁忙的客户经理与专业的竞争对手。

（4）力挽狂澜的对话。

（5）热心的客服热线。

首先，这些关键时刻的触点包括客户经理、高层领导、技术支撑、客户服务，甚至前台行政。这样的设计非常有效地传递出了 MOT 的核心理念——每次与客户的接触都是一次建立认知的过程，也是一次改变认知的机会。课程中一直在问学员 "谁扼杀了合同"，而答案是客户服务触点上的 "每个人"。

其次，每个关键时刻场景都代表着现实状态和理想状态的两段录像。在课程中经常遇到学员看到 "现实状态" 时，觉得没有 "改进空间了"，"做得挺好了"，但是一播放 "理想状态"，顿时看到了标杆的优秀行为，有了学习和行动改进的方向。给每个人非常深刻的感触，因为习以为常的行为和做法可能正在伤害着我们的客户，积累了不佳的服务认知，激发了强烈的紧迫感和改变的行动力。

最后，课程并非空泛的理念传达，而是理念传导和客户服务的核心技巧提升并重。在五个MOT场景中依次穿插了"关键时刻行为模式"的四个步骤：探索（Explore）、提议（Offer）、行动（Action）和确认（Confirm）（见图16）。

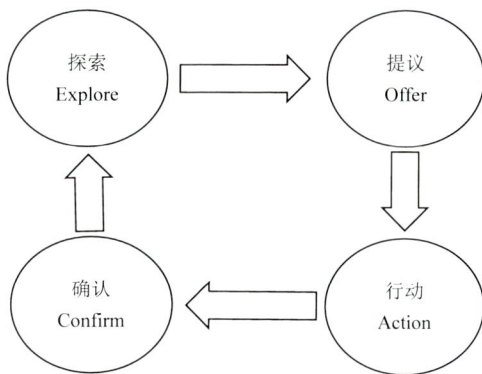

图16 关键时刻行为模式的四步骤

在每个步骤下，都精炼出了改善或提升的3～4条关键方法，而这些方法到底如何去实现，都能在"理想情景"中找到答案。这样的课程设计模式非常巧妙地做到了对学员的全覆盖和全垒打，对高层可以是理念为主，而对一线的客服人员和销售人员可以实际的技能提升为主。

作为IBM早期面向客户传播和推广"关键时刻"课程的一分子，我也非常欣喜地看到，随着IBM和培训伙伴的努力，MOT所传递的以客户为中心的文化理念，走进了联想，走进了华为，走进了中国电信，走进了用友……走进了很多中国有企业业的内心。让中国有企业业也真正从客户的体验出发，去积累和建立客户的认知，去发自内心地相信，客户才是一家企业存在的唯一理由。

2. 经典课程之二"业务领先模型"

如果有一类课程之所以经典是由这门课程所传递的核心理念和核心方法

论所决定的话，那么"业务领先模型"就是其中翘楚。这个方法论源自哈佛商学院教授 Michael L. Tushman 和斯坦福大学商学院教授 Charles A. O'Reilly Ⅲ在《Winning Through Innovation：A Practical Guide to Leading Organizational Change and Renewal》一书中的共同研究，得益于 IBM 的转化与推广，却成名于华为。

做了十多年的咨询深有体会，一个好的战略机会可能是一家公司最大的活力激发器，有可能让公司焕发青春，起死回生。但再英明的战略决策，如果没有"力出一孔"的执行力保障，仍然是看上去很美的水中月镜中花。很多朋友也跟我反馈，公司花了大价钱请了波士顿、麦肯锡、埃森哲等业内大牌做战略方向的规划，但感觉总是很虚，很多内容本质上并不是咨询公司多么有洞见，而是集合了公司各家之所见。而其实，咨询公司能够助力之处也局限于此，战略对企业而言，真正的难点不在于"想不到"，而在于"做出来"，而"做出来"的根本需要的是面对未知、迎难而上的雄心壮志，更需要的是上下一心、其利断金的协同一致。而这种雄心壮志与协同一致正是业务领先模型这套方法论所传递的精神实质。

业务领先模型在书中被称为"Congruence Model"，解释为一致性模型，即将一个英明的战略决策转化为业务领先的结果，需要确保三个一致性：

第一，战略体系内部的一致性，是指战略意图、市场洞察、创新焦点与业务设计的逻辑和设计是一致的。

第二，执行体系内部的一致性，是指人才、组织、氛围与文化，和关键任务所需的资源和能量是一致的。

第三，战略与执行连接的一致性，是指战略体系与执行体系之间在资源投入和能力匹配上的一致性。

而追求三个一致性的出发点是对现状的不满意和对未来"领先"的渴望，三个一致性的保障就是公司上下一心的领导力和价值观（见图 17）。

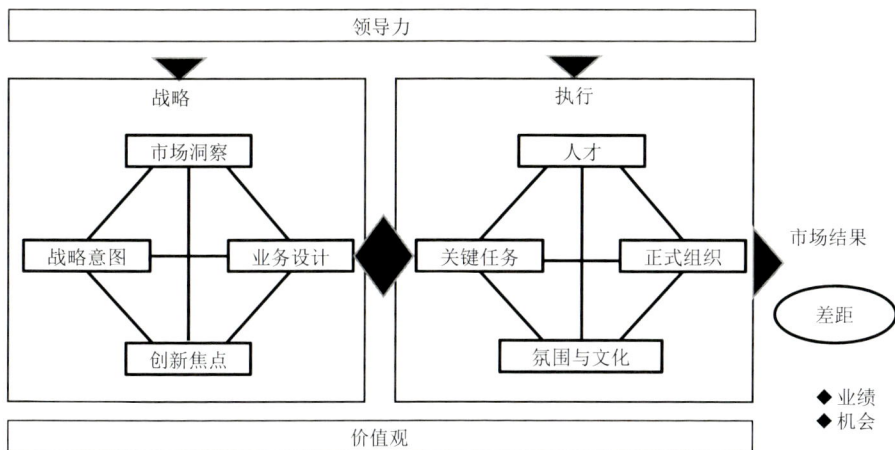

图 17　业务领先模型

业务领先模型本不是一门课程，只是用的人多了，就自然而然地有了传播、学习、解读的需求，就像鲁迅所说的，世上本无路，走的人多了就成了路。在 IBM，业务领先模型是从全球到各个业务单元、各个区域分公司共同使用的统一的战略规划方法。而且也是 IBM 培养亚太地区 100 位未来领导 "G100" 项目中，必须要求每位领导者掌握的战略思考的逻辑框架。2010 年，我也有幸亲眼见证了 IBM 将业务领先模型引入华为、融入华为的过程，而在此过程中，业务领先模型在华为得到了一次升华和内化。这个内化的过程被华为称为 "战略解码"，即将从战略决策中导出的关键任务（目标及行动计划）与组织的 KPI 挂钩，甚至分解到个人绩效任务中。通过解码的过程让每个人都理解 "为何做"，都尽自己的努力谋划 "如何做"，并且在实践中兑现承诺。而这个 "解码" 过程之所以能够推行，也是与华为的强势领导文化息息相关的，和华为以客户为中心的流程与管理体系密不可分，与华为强大的团队组织能力密切相关。

正是因为业务领先模型本身问世并不久，2003 年被 IBM 采用，2010 年被华为认同，虽然经过两家大公司的背书，但在市场上围绕这个模型所设计的培训课程仍然大相径庭。大致有三种目的：

第一、围绕 IBM 和华为先进经验进行传播与介绍，提升高管或中层团队战略性的系统化思考，或者为公司未来的战略转型"松土"。

第二，致力于用业务领先模型帮助企业达成战略共识，自上而下传达战略意图。

第三，有些更开放的企业用此模型做年度战略任务和资源配置的共创。

亲历了多场帮助企业达成共识、共创的"战略解码研讨会"，越发喜欢这个模型和应用该模型进行研讨的过程。一方面，它的确是一部有效的解码器，你有多少面向客户、市场、竞争的思维视角，就会有多少意想不到的业务选择的可能性，在如今这个不确定性当道的市场环境中，企业掌握以客户为中心的战略思考的方法与逻辑比看似正确的选择更加重要；另一方面，用模型进行战略研讨的过程本身也是一家企业领导力与文化的真实体现。喜欢突破性的创新，还是偏好在过往的经验上成长；选择激进的策略，在不熟悉的环境中强势生存，还是擅长用优势的业务来不断寻找创新的可能性；研讨的过程中对决策偏好的判断，对决策行为的观察，就是一次对企业执行有效性的诊断。甚至可以遥想未来，应用业务领先模型的培训场景可能是数字化的，基于大数据的分析就能知晓企业的战略选择是否有效，企业的战略共振是否到位，能给未来的执行有效性打几分。这必然会是一片更加令人兴奋的应用场景。

无论目的如何，作为业务领先模型的传播者和实践者，对这场以中国有企业业的转型升级为背景的如火如荼的战略研讨，都是喜闻乐见的。正如任正非在2016年10月31日"聚焦主航道，眼望星空，朋友越多天下越大"一文中所说，"不在非战略机会点上消耗战略竞争力量。在这个时代，我们是很重要的强者，在核心技术上要有技术断裂点。不要因为担心对手而延误了我们自己的战略性机会，我们要胸怀宇宙"。业务领先模型的使用者和信奉者一定是那些想要持续"领先"的人。中国的未来，中国企业的未来需要这些追求"领先"的领导者。

▶ 第五堂课　常用的工具（一）——网事

1. 人人都在谈的培训项目运营

"好的培训项目是运营出来的"这句话已经得到大家的共识，那么还要继续问一下培训项目的运营是不是就是开班前建个群、发下通知、分分组、做个介绍、项目结束后是不是"还魂"发点资料……这些是运营，大家也都知道仅仅做这些还是不够的。那么，做到什么程度，抑或什么样才算好的培训项目运营呢？

如果非要下个定义，可以结合罗胖对知识付费给出的三个标准：服务、人格、社群。服务：用丰富的手段营造一个有效的、适合用户学习的情境。人格：使整个学习过程有温度，注重真实的互动，使整个项目符号化。社群：形成一个能够不断交流的群体，形成有组织、有目标的关系链。

（1）服务。不可否认的是最优的学习是在真实情境下发生的，那么线上学习因为它的时空局限性很难做到"真实"（以后就看 VR 技术了），那么我们现在做的线上运营其实就是不断努力去模拟那个能让学习发生的"真实情境"。因此，每当有人问"在线学习项目要做哪些动作"时，我的回答都是线下面授有哪些招数，都可以拿到线上来。

下面我们以阳光夜校为例看看那些被用俗了的搬到线上的招数。

从白给的不爱说起。我们有一部分线上课程是收费的，因为我们发现肯投入时间、金钱的学员的学习欲望更强，课程完成率更高，也值得我们资源倾斜。做过统计一门线上直播课不加任何限制即可报名，实到率不到 30%。如果加上报名费或者其他门槛才可以获得，虽然报名人数会减少，但参与率、活跃度会很高。因为前期有付出，中途放弃会觉得可惜，并且能够"克服"种种困难的必定是刚需。

[阳光夜校八月主题季]自媒体与新内容产品运营之道系列

上图所示是阳光夜校做过的一期关于内容创业的主题，自主报名人数只有80人，最终课程完成率是90%，"现场"气氛活跃，学员反馈及时，讲师情绪高涨……一场管理者心目中的标准线上课。因为资源的稀缺性，在课中还增加了诸多关卡，如课后不交作业无法获得官方学习笔记、连续两期不交会被退学无法参加剩余课程。

和"白拿的"说再见。在企业内部做在线学习业务、做2C的知识分享，千万不要把自己的产品定位成"国民级产品"。罗胖说"如果是国民级产品，用户画像就没有意义……"。培训项目是一个花钱的事，钱就要用在刀刃上，像哄抢超市免费赠品的大妈样的人群是我们要屏蔽的，这些只是单纯为了占有而参与的人员或部门并不是真正的学习者。习惯了"白拿"的自己也不清楚自己的真实需求。和那些白拿们说再见，真的需要勇气，但是这样做有利于精准筛选，更容易收获一批忠实的粉丝，更重要的是，会鞭策我们不断提升服务，为这些"真主子"服务好。

不要吝啬你的宣传。在这个知识大爆炸时代，如何从众多学习资源中脱颖而出和Mr Right相遇，这是在项目启动前就要考虑的问题。"会做也要会卖"，这两年我们一直照葫芦画瓢，模仿互联网化的宣传方式（真谈不上互联网营销）来使得我们的第一面变得更有意思、更现代化。

（2）人格。人格，通俗地讲就是要打造一个"网红"，一个培训项目中的网红。就像产品广告代言人，培训项目也需要代言人，可以是精通这一领域知识的专家，也可以是负责相关运营的工作人员（群体）。具体是谁不重要，重要的是他能因这个产品而红，能为这个产品代言，能为培训产品加上人格化的特质，使培训变得有温度。就像我们会给培训命名为"××鹰"、"××虎"，甚至虚构一些吉祥物，人格化操作在将培训产品抽象化为一个简单易记鲜明的符号上面更进一步。

阳光夜校推出了两个重要IP：辣手摧花金会计、小啊姐。辣手摧花负责运营组织、讲师邀请、招生报名、作业收缴等，小啊姐颜值担当负责出镜主持。当大家看到屌丝男就会想到阳光夜校也有一个喋喋不休管这管那不让人随便说话误抢红包还会被追逃的辣手摧花，看到漂亮小姐姐时也会想起我们也有一个颜值担当的主持。

辣手摧花　　　　　　　　　　小啊姐

（3）社群。大家都在谈"社群学习"，真正做到学习型社群的少之又少，而且单纯靠学习做不出一个健康的社群，里面肯定要附加一些比学习还要刚需还要强关系链的"元素"。举个例子，在我们建立的群中，如果群成员开始交流工作、开始分享自己的心得，甚至其他或许与学习无关的信息，这是一个好苗头，学员开始不把这个群视为一个参加培训班而建立的群，开始将其视为一个学习的场域。阳光夜校对自己的要求是消灭零回复，一旦有人在群内发表了有意义的信息，管理员一定要给予及时、正向的回馈。

2. 隔几年就诈尸火一下的微课

微课这个老生常谈的话题，每隔几年都会被某些人某些组织炒一下。现在课程开发技术如此成熟，在此就不提如何做一门微课，习惯做幕后黑手的"辣手摧花"老师这次想谈谈关于微课的开发和运营。

（1）我们想做一期微课大赛。首先我觉得这句话就不对，出发点就是培训人员在"自嗨"。办微课大赛到底方便了谁、麻烦了谁、给谁带来了相关利益。作为一个靠运营吃饭靠策划而活着的幕后黑手来说，任何活动都要双赢才有推动的可能性。"做微课、办大赛"这是单向思维，对业务部门的收益是哪些？微课开发技术也可以用来做产品宣传与营销；部门那么多能人，他们的经验要分享；今年公司战略是人才培养，微课是一种很好的培训手段……这些理由虽然格局也不那么高，但至少提醒那些要办微课大赛的同学们，大赛可以办，办之前还是回到培训基本面：能为业务部门、参赛带来哪些收益。不然就成了一锤子买卖。

（2）培训讲师快来报名吧。在大赛中，偏不让培训条线的小伙伴参加，我们的目标是绩优的业务人员，要萃取的是业务操作的优秀经验，这些人值得交给其工具和方法，制作出的课程对组织更有益处。

3. 大人物们心心念的大平台之梦

每个管培训的大领导心中都有个一统天下的学习平台之梦，一心要对标某鸟、对标某大学，要千秋万代福泽后世。观察了这么多年，每家企业做成的学习平台，都是毁誉参半，培训项目之坑绝非浪得虚名。学习平台是每个在线学习业务都绕不过的，我想做一个假设：未来"有形"的学习平台会消失。

这个假设有两个判断依据，第一点是知识付费已经形成风口，未来还会有更多的内容创业者加入这个能化解"被人说的好多知识我不懂的恐慌"的行业之中，因此学习资源会再次井喷，企业自建（租用）平台的必要性会越来越低，整合学习资源的必要性越来越高。在哪里学成是其次，学什么、谁组织学成为重点，因此一个理想的学习平台肯定是一个开放的、共创的"领域"，企业培训者角色从平台建设者变为资源操盘者。

第二点是基于一个新APP的推广成本越来越大，微信会变成一个"操作系统"等诸多现实，因此一个学习平台最理想的状态是它会变成一个看不见的底层应用，以插件或链接的形式嵌入各业务操作平台中，至少形式上可以满足"用以致学"，它的作用是实现数据管理与分析，为管理者提供决策依据。

第六堂课　常用的工具（二）

1. 金字塔写作

对培训经理来说，金字塔写作是一个非常重要的工作，无论是写一些文案还是制作 PPT 都非常有用，它能够帮助我们拥有非常清晰、简洁的文字表达框架。在此，向大家推荐《金字塔原理：麦肯锡 40 年经典培训教材》。要用好这个工具，可以从以下方面来理解。

（1）了解金字塔原理。简单地说，金字塔原理是要先表明中心思想，再说论点、论据，然后层层延伸，状如金字塔（见图 18）。

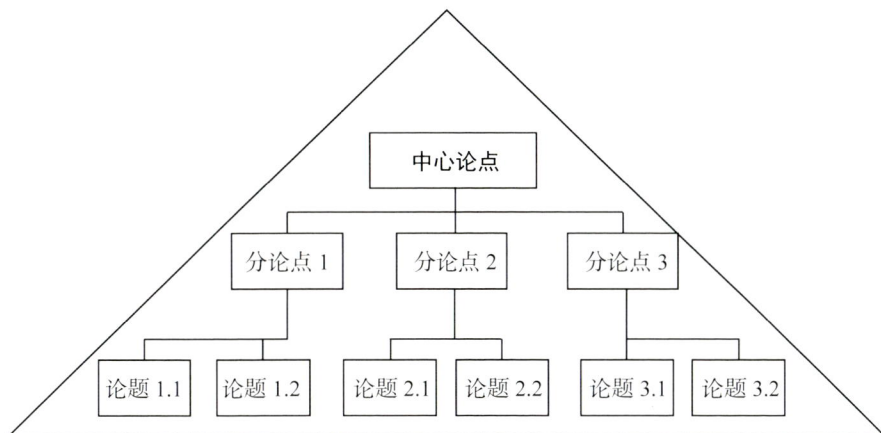

图 18　金字塔原理

（2）利用金字塔原理理清文章逻辑，写作要遵循的四个基本原则（见图19）。

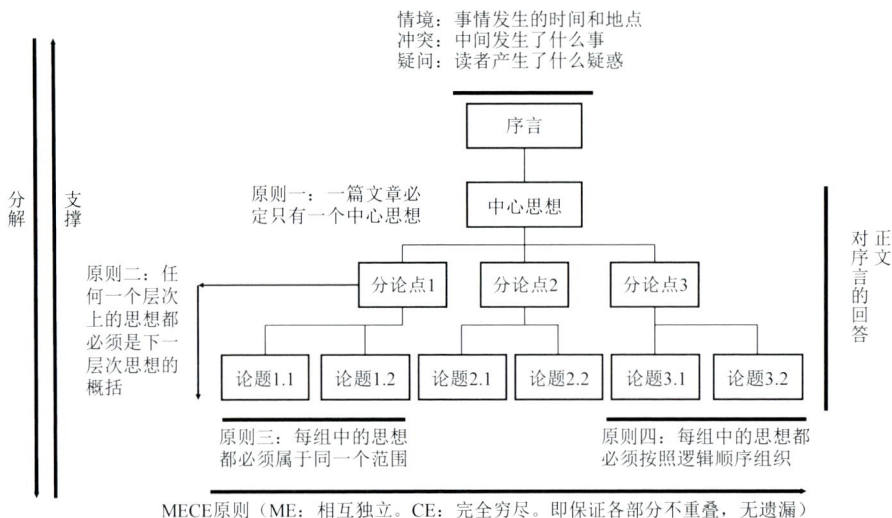

图 19　写作四原则

① 一篇文章必定只有一个中心思想。

② 任何一个层次上的思想都必须是下一层次思想的概括。

③ 每组中的思想必须属于同一个范围。

④ 每组中的思想必须按照逻辑顺序组织。逻辑顺序常见的有时间顺序（也可以是步骤，如第一、第二、第三……）、结构顺序（如北京、上海、厦门……）、重要性顺序（如最重要、次重要……）。

文章的条理清晰，才能让看文章的人一眼明白你想要表达的是什么。

我们工作中常写各种汇报类文档，基本是以开头、正文、结尾的模式在写。这里的开头，即序言，要表达清楚并吸引读者注意，有以下三个要素。

① 情境（Situation）：事情发生的时间和地点。

② 冲突（Complication）：中间发生了什么事。

③ 疑问（Question）：读者产生了什么疑惑。

正文部分是对读者产生的疑惑进行回答（Answer），综合起来形成写作的四要素：SCQA。在正文部分，一般会用到两种逻辑推理：演绎推理和归纳推理。

（1）演绎推理通常由大前提＋小前提，推导出结论（见图20）。

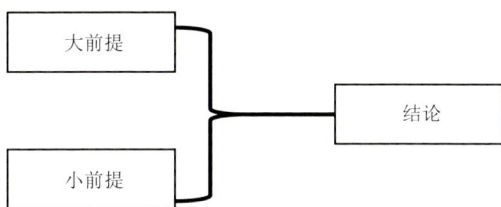

図 20　演绎推理

例如，熊猫喜欢吃竹子→团团是一只熊猫→团团喜欢吃竹子。

（2）归纳推理通常由若干个具有相似性的事件推导出一个概括思想（见图21）。

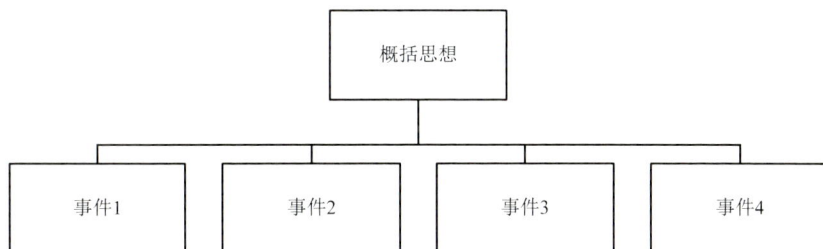

図 21　归纳推理

例如：

- 小明不会做需求分析。
- 小明不会画线框。
- 小明不会写需求文档。
- 小明不能与人良好的沟通。

归纳后推导出：小明不能胜任产品经理一职。

（3）构建金字塔结构的方法。

① 自上而下法：先抛结论，然后列出几点来支持自己的结论，再层层详细展开。当自己心中对问题已有思路，就差清晰地表达出来时，适合用自上而下法。例如，写年终总结时，基本知道自己要写的主题是什么，平时的成绩、遇到的问题、下一年的规划等也有个大概构思，此时，就可以采用自上而下法构建金字塔结构，条理清晰地表明自己的想法。

② 自下而上法：当自己心中，对于想要表达的内容、思绪还比较混乱时适合用自下而上法来构建金字塔。即：先归类分组，然后概括每组思想，最后提炼主题，完善整个思考过程。如果要成文，建议思考时可以自下而上，文章还是采用自上而下的方法写出来，比较直截了当，易于理解（见图 22 ）。

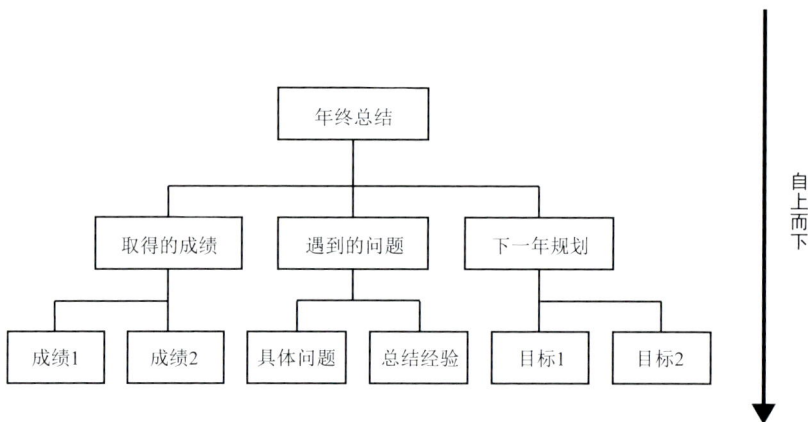

图 22　自上而下

2. 行为事件访谈法

行为事件访谈法（BEI 访谈）是对已经发生的事件和行为进行访谈。它的特点是了解已经发生的事实，而非想象中可能怎么做；是了解在这个事件中具体的所思所言所行，而非通常情况下会怎么做。因此这种方法与其他访谈相比，更注重事实和细节。

行为事件访谈法的使用是有前提假设的：认为高绩效与一般绩效的人一定

在行为上有差异，而且过去的绩效表现可以有效预测未来的绩效表现。所以，将这种方法应用于面试的时候，可以从一群人中区分出高绩效的人。如果要预测这个高绩效者能否在新岗位依然表现优秀，需要判断新岗位与旧岗位所需能力是否差不多，或者这个高绩效者身上是否具备新岗位所要求的能力。

因此，行为事件访谈法也有局限性，所有的信息都是访谈对象的回忆，而且只关注当时的事实，无法了解动机、特质等其他信息。

从操作上来说，行为事件访谈的流程分为以下三个阶段。

（1）准备。开始前要确定访谈对象的选择标准，按照抽样原则挑选合适数量的人，发出访谈邀请函。如果用于面试，则需要明确所考察的能力标准有哪些，这里的能力标准描述一定是行为化的。

（2）执行。为了更好地说明这个阶段该如何完成,我们可以用"起承转合"四个字来描述。

起：开场介绍。开场要让被访谈者感觉舒服，拉近距离，建立信任，令其愿意接受访谈。向对方介绍自己和项目意义，为什么会选择他作为访谈对象，整个访谈的时长、结构和内容，访谈数据会用在什么地方，承诺保密。解释为何需要录音，并征求对方同意后再开始录音。

承：了解背景信息。在这个环节需要了解的信息包括职位、岗位职责、主要工作经历和年限、组织情况、汇报关系等。了解这些既有助于进行数据分析，又能帮助访谈者更好地理解访谈对象在后面提及的内容，而且关心访谈对象的情况，可以和他建立信任关系。

转：进入行为事件访谈。这个环节是整个访谈的核心，能否在这环节获得有价值的信息是决定访谈成败的关键。

通常，一次完整的访谈会询问三到四个事件，这些事件当中既有令访谈对象满意的，也有令其感觉遗憾的。在询问顺序上，第一个询问的最好是满意事件，然后是遗憾事件。最后，可以问访谈对象有无其他事件补充。这个环节体现的是访谈者控场的能力，我们姑且称之为"转"，虽然访谈对象说得多，但他是由访谈者主导控制节奏的。

具体做法是，先让访谈对象想好一个事件，用简要的语言讲述一下事件概要，以确认事件符合要访谈的主题；接着询问事件持续的时间长度、起因和结果，判断这是一个简单事件还是复杂事件；如果时间跨度长、事件复杂，则请访谈对象将事件分成几个关键阶段，然后针对每个阶段询问访谈对象具体的言行、想法、感受。

在访谈过程中，通过询问一系列问题来挖掘具体事实。这里列举一些供参考：

"当时是一个怎样的事情？"

"你在里面扮演什么角色？除了你，还有谁？"

"当时事情发生时，你的第一反应是什么？"

"你当时是怎么想的？"

"你当时说了什么？做了什么？"

"最后，事情的结果如何？"

"您从中学习到什么？"

访谈的提问是一项重要技能，需要反复练习。根据经验，要想取得比较好的访谈效果，有一些 Tips（小建议、小窍门）需要注意。

合：总结。访谈接近尾声，气氛热烈，可以请访谈对象总结一下自己认为取得高绩效必备的知识、技能、能力、特质等信息。如果时间允许，可请访谈对象举些小的例子，说明他如何成功运用相关知识、技能等获得成功，以帮助访谈者理解访谈对象的总结。结束前，感谢访谈对象的配合。如果方便，则记下对方联系方式，日后整理数据时如有需要可以联系对方。

现场记录。现场尽可能记录访谈的具体信息，而且有经验的人会边记录边整理，标注出重要的信息、数据，供整理时参考。如果允许，可以一个人主问一个人记录。有条件的话，可以进行现场录音。但不要录像，这会使访谈对象产生压力，影响访谈效果。

（3）解码。首先，识别出有效数据。在访谈过程中最好能做出标记，方便解码时整理分析。其次，进行解码。将能力数据按主题归纳，形成能力，选取统计频次高的能力进入建模范围。这一步需要具有一定的能力技术领域的经验，必要时可以参考权威能力词典。最后，进行验证。可以问卷形式进行调研，验证能力初稿的有效性。

当应用于面试时，参照能力标准，根据能力数据进行评分，评价访谈对象的行为表现是否达到要求。

要掌握行为事件访谈技术，唯有反复练习、不断总结，才能在实践中积累经验。要做好它，除了访谈本身，还要掌握一定的能力技术，这样，才能在访谈中快速抓住行为，判断所获取信息的价值，以及是否需要继续挖掘。否则很可能形式和过程都做到了，但是访谈获得的数据依然是无效的、不可用的。

3. 复盘

复盘是中国围棋的一个术语。2001年柳传志第一个在联想内部提出"复盘"这一管理理念。2011年复盘方法论向联想全球推出。

复盘是行动后的深刻反思和经验总结，是一个不断学习、总结、反思提炼和持续提高的过程。从联想的实践来看，它不仅是一个管理工具，更是文化，是行动学习，是提升组织智慧的手段。对培训经理来讲是一个非常好的工具，经常可以以复盘为抓手与业务部门进行深入的交流。下面是关于复盘方法的几点介绍。

（1）复盘是为了把失败转化为财富，把成功转化为能力。在复盘中要知其然与知其所以然，在许多工作结束后，团队的客观复盘让大家还原事实的原貌，帮助更多人了解工作的规律；为了同样的错误不要再犯，在讲真话的环境中大家共同分析发生问题的点，避免更多更大范围出现错误；为了传承经验和提升能力，有时团队虽然取得了成功，但并不是所有人理解了成功的关键点，复盘能让更多人获得成功的经验和能力；为了总结规律和固化流程，在团队中不断总结和优化成功经验形成规律，迭代成为新的固化的流程。

（2）复盘的指导原则。想清楚再承诺，承诺就要兑现，在复盘会上当众的承诺要践行。在复盘中要公司利益至上，复盘是对工作中所有的流程、工作制度、工作要求而言，都有不断优化的空间；每一年和每一天我们都在进步，复盘要成为工作中的常规性动作。

（3）复盘的步骤。第一步回顾目标，重新回顾项目或工作的初始目标和要求；第二步是评估结果，根据目标设定时的测量方法或考核方法进行客观的评价；第三步是分析原因，分析项目及工作中的得失经验与感受；第四步是总结规律，如果再做一次这个项目和工作，什么地方是重点可以提升的。要求的态度是：开放心态，坦诚表达，实事求是，反思自我，集思广益。

（4）复盘的关键。复盘重在实事求是；重在内容和找原因；重在改进和提高；重在反思和自我剖析；重在找到本质和规律。在复盘中经常也会出现一些不适当的应用，复盘不是自己骗自己，只是为了证明自己是对的；复盘不是流于形式，走过场地显摆一下所完成的工作；复盘不是当工作失败时的追究责任，开批判会；复盘也不是强调客观、推卸责任的一种借口；在复盘中不应该简单下结论，刻舟求剑式地获得经验。

（5）复盘的落地要求。小事及时复盘，在行动结束后进行及时复盘，制定改进方案并落实；大事阶段性复盘，大的项目在执行中，要进行阶段性复盘（半个月或一个月），对目标或策略进行及时调整；事后全面复盘，大的项目或战略结束后，要进行总复盘，总结经验教训，找到规律性。在复盘中领导者要以身作则，带头做复盘，给下级传承；管理者要承上启下，先学会工具和方法，带领团队实践并运用；普通员工要实际运用，学会方法和工具，在实践中应用并养成习惯。

如果想更好地了解复盘这个工具，可以阅读一些关于复盘的书籍和案例，相信你一定会获得更多的启发。

4．目标的制定及拆解

参与过许多战略澄清、战略研讨和制定、战略解码的项目，其中用到了许多工具。对一般培训经理来讲，我特别向大家推荐《高效能人士的执行4原则》。

一个领导者可以从两个最重要的方面影响结果：一是具体的战略规划，二是执行战略的能力。这两方面哪一个更难？全世界每个受访的领导者都会无比肯定地回答说："执行更难！"如果你曾经进修过MBA或者其他商业课程，你从中学到的哪一样更多，战略还是执行？当我们向受访者提问时，他们的答案也是异口同声，不过，这一次他们的回答是："战略！"这也许并不奇怪，领导们感到最棘手的领域，恰恰是他们学得最少的方面。

高效执行4原则并非是为了帮你处理日常事务而设计的，相反它将教会你如何在日常事务的纠缠中去执行最重要的战略规划（见图23）。

（1）原则1：聚焦最重要目标。要事第一，全神贯注。

（2）原则2：关注引领性指标。分解目标，落实行动。

（3）原则3：坚持激励性记分表。计分衡量，一目了然。

（4）原则4：建立规律问责制。实时跟进，贯彻始终。

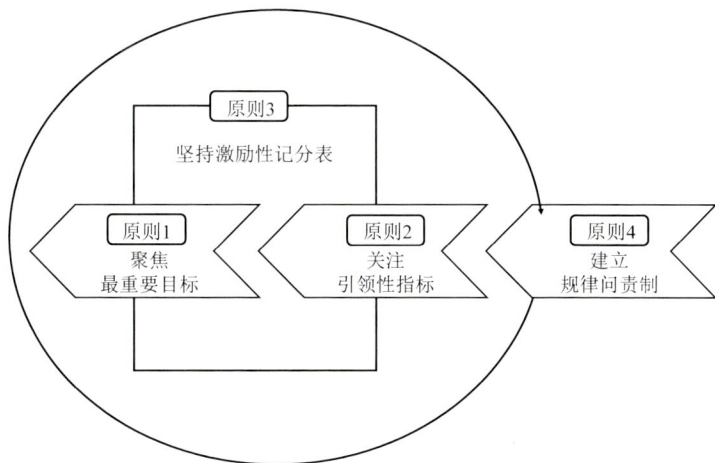

图23　高效执行4原则

原则 1：聚焦最重要目标

从根本上来说，一个人想要做的越多，他最终能完成的越少。然而很多领导们都忽视了这一点，因为那些聪明而又雄心勃勃的领导们实在不想少做哪怕一件事，他们总想要多做些事，哪怕他们知道少做更好。聚焦最重要目标要求你改变传统的领导作风，使你的团队聚焦在尽量少的最重要事务上，从而达到最佳效果。

最重要目标（a Wildly Important Goal，WIG）

执行始于专注。没有聚焦，其他三条原则都帮不了你。如果你把团队的精力聚焦在一两件最重要的事情上之后，大家可以轻松地分辨出哪些是最重要事务，哪些是无关轻重的日常事务，他们将从一大堆乱七八糟的目标中解放出来，集中精力在一两个最重要目标上。

为什么几乎所有的领导都在为集中目标而苦苦挣扎？尽管他们对聚焦的需求如此强烈，但还是发现在需要优先考虑的事情上会产生很多冲突，这最终将他们的团队拖向了不同的目标。不能有效聚焦，这是很多领导者的通病。习惯同时做多件事的能力，是以牺牲在主要事务上的专注换来的。它们只会使人分心，而那些主要事务才是我们的最重要目标。

高效执行 4 原则甚至会要求你对一些伟大的创意大声说"不"，最起码在现阶段是这样的。对于一个领导者来说，没有什么比拒绝好主意更违背直觉了，但是对于聚焦来说，也没有什么比接受一切好主意更具有破坏力了。

就像史蒂夫·乔布斯所说的一样："当你决定了什么事情对你来说是最为优先时，你必须有勇气——愉悦地、带着微笑地、不需辩解地，去对其他事情说'不'。因为你说'不'的时候，内心里熊熊燃烧着更大的'是'的决心。"

还有第一种更为常见的困境，就是试图把所有日常事务都纳入最重要目标的范畴内。把你以及团队成员 80% 的时间和精力投入这些日常事务，是完全有必要的。保持整个组织的运转绝对是首要工作，但是如果你们所有的精力平均投入这些日常事务中，想要提升每项工作的话，你就会丧失自己的聚焦点。

在确定最重要目标的时候，不要去问："什么是最重要的？"你应该这样发问："如果其他各个方面都保持现有状况的话，改进哪个方面才能给我们带来最大收益？"

所有的最重要目标必须有明确的完成时限和标准，类似于到什么时间，把某个指标从现有的 X 提升到 Y。

通常情况下，人们的目标往往缺乏这样的清晰度。我们经常可以看到一些没有时间限制，也没有办法去衡量是否完成了的目标。

某跨国零售公司："加快库存处理率。"

某英国出版社："深化加强新老客户关系。"

某澳大利亚旅游局："积极带动昆士兰州旅游业发展。"

某欧洲投资公司："将我们的证券投资从固定组合向生命周期策略组合转化。"

某跨国农商公司："发现、聘用并保留优秀员工。"

有效的滞后性指标应该是类似于下面这样的：

"在今年 12 月 31 日之前将库存处理率从 8% 提高到 10%。"

"在两年之内将我们的客户忠诚度指标从 40% 提高到 70%。"

"在五年内将 40% 以上的客户投资组合从固定组合转换为生命周期策略组合。"

原则 2：关注引领性指标

行动以及成功将基于两种衡量指标：

- 滞后性指标（lag measures）
- 引领性指标（lead measures）

滞后性指标，是指那些为了达成最重要目标而进行的跟踪性指标。对于这些指标，大家往往会花费很多时间去祈祷能够得到好的结果。例如，销售收入、利润率、市场份额、客户满意度等研究分析都属于滞后性指标。这意味着，当你得到这些结果的时候，导致这些结果的事情早已结束。之所以说祈祷，就是因为当你开始这些行为时，你已经不能控制它们了。你得到的都是历史数据。

引领性指标，和前者有很大不同，是指那些可以衡量你的团队必须做的、对达成预定目标有着最重要作用行为的指标。我们以减肥为例。滞后性指标就是，具体要减多少斤。而引领性指标则可能是每天摄取的食物热量值不超过多少，或者每周要进行多长时间的运动。

在引领性指标上下功夫是有关执行力的一个小秘密。绝大多数领导们，包括很多有着丰富经验的领导者，只盯着那些滞后性指标看，却从直觉上拒绝了关注引领性指标的原则。滞后性指标并不能改变什么，而引领性指标在很大程度上是由你自己把握的。作为一个领导者，你可能把全部精力都放在那些根本不可能直接影响到的滞后性目标上了。

正是那些引领性指标的数据改变了最终结果，使你能够弥补理想和现实之间的鸿沟。没有这些引领性指标，你就只会去反复折腾那些滞后性指标，那样将很难成功。第一，你大部分时间和精力都会花费在处理日常事务上；第二，你剩余的大部分时间里都在为一些滞后性指标而着急。问题就在于，这两种行为虽然会消耗大量的时间和精力，产出效益却很低，而你最需要的，是有着杠杆作用般高效益的关键行为，如促成动作做了没有、做了多少、拜访次数、收集客户数、举办活动数等。

原则 3：坚持激励性记分表

在有记分的时候，人们的表现往往会大不一样。如果你对此表示怀疑的话，看看那些打篮球的年轻人吧。一旦开始记分，他们的状态就会大不相同。记分表必须简单！简单到每个团队成员一眼就可以看出自己是在领先还是在落后。

原则 3 就是要将该策略运用到你的团队当中，将他们完成的引领性指标和滞后性指标全部转换为看得见、摸得着的量化成绩。你和你的团队可能会认为可视化的数据并不新鲜。你甚至可能会在心里说：我已经有记分表了，甚至有很多个记分表，它们都以复杂表格的形式存储在我的电脑中，所有的数据都在这些电子表格之中。大部分的数据是滞后性的数据，它们可能是历史信息，前瞻愿景，或者详细的财务分析。这些数据的确很重要，尤其对于领导来说。这样的复杂表格，我们称之为教练型记分表。

原则4：建立规律问责制

除非令每个人都坚持负起责任，否则我们的目标总会在日常琐事中日渐瓦解。有规律地进行问责，是指任何拥有最重要目标的团队定期不定期召开例会，对之前的工作计划的完成情况作汇报。这些会议每周至少都要召开一次，时间最好控制在半小时以内。在这个简短的时间里，每个团队成员都得以明确自己在日常事务之外的工作责任。除了重复的开会节奏之外，每个团队成员的工作计划都是由自己制定的。

而在运用高效执行4原则的组织中，问责意味着个人对团队做出计划，推动记分表前进，然后像纪律一样坚持到底。任何职能的任何团队都应该学习提高效率，集中在最重要目标上开会，而不是在会上漫无边际地乱扯，白白浪费时间。

高效执行4原则所造就的结果，不仅仅来自权力的使用，它们更多地依靠每个团队成员渴望得到重视、渴望做有意义的事情、渴望成功的愿望。

有了高效能人士执行4原则这个工具，作为培训经理的你，就可以在任何阶段参与到业务部门的项目流程和业务进展中了。

▶ 第七堂课　学习产品的设计

工作之余，接到校长电话，受宠若惊，感谢校长让我有这样一个时间能回顾和总结做过的培训产品。

作为一个在企业中设计实施能力发展培训的培训工作者而言，培训设计更像一个拼图，根据学员不同的能力提升需求和项目想达成的目标进行排列组合。

近几年来从企业内部学习与发展教学设计的实践来看，主要经历了三个阶段：第一阶段是以内容逻辑为主线的简单课件设计阶段，即"攒课"；第二阶段更注重衡量学习者的接收程度，按照 ADDIE 模型、以学习路径图等为工具进行教学设计，强调能力获得；第三阶段的学习产品更强调好玩、吸引眼球和影响力，以碎片、敏捷为突出需求，借鉴互联网产品的迭代理念，不断优化课程开发理念。

不同阶段的教学设计分别有其特点："攒课"阶段突出内容，强调知识体系的完整和严谨，课程效果有高度可控性与可预期性。ADDIE 阶段突出互动和练习，注重通过参与来产生反思和认同。其学习效果不仅取决于教学设计、培训师和引导者，更依赖学习者差异化的组成、参与度和高质量的互动。敏捷阶段突出了互联网时代的特点，快速迭代、碎片互动，满足了企业对内生经验快速产生、复制、传播的需要。线上的"微课"反之影响了线下的传统课程，向"微"课和"小"课变身。

其实，ADDIE 模型和 SAM 模型在今天的教学设计中是可以并存的。如果能充分了解并发挥其优势，还能更好地为教学设计总体目标服务。在一个学习与发展项目尤其是大型项目的设计中，二者可以同时使用——ADDIE 模型是项目开发的基本框架，SAM 可以更好地满足加快的工作节奏、碎片化、不断迭代开发的企业需求。在混合式的学习项目中，SAM 模型能够与 ADDIE 模型相辅相成。

面对不断变化的市场环境，企业对于员工的能力培养要求逐渐以绩效提升为导向，培训的设计过程是项目实施的基础，在任何一个培训可能的设计之前，首先需要回答几个问题：对于培训客户和用户了解程度如何？培训的需求是什么？痛点是什么？结果如何检验？

正如《ATD 学习与发展指南（第 2 版）》中所讲：有效培训的设计的秘诀是更快、更便宜、更好。过去我们经常会说内容为王，如今内容随处可见，学员点击鼠标，就能获得比内容专家更多的内容，因此现在的培训设计不再单纯为内容，而是内容与活动的整合，设计出合适的培训产品，以以下培训项目开发为例。

1. 技能提升类

技能人员大部分是以标准化的工作任务为核心，对于需要快速推广技能的一些项目和企业而言，赛训结合的培训设计不失为一个讨巧的方法，以赛促训的模式，能够快速提升技能，也能磨砺出精兵强将。当然在赛训结合的整体设计上有一些关键点值得注意：

（1）赛制需要巧设计。在赛制的设计中不要玩培训部门的自嗨，需要和专业部门共同发力，在学员对象中营造责任感和荣誉感，竞争性强、刺激度高的赛制有助于调动参赛选手的积极性。

（2）资源投入精准、及时、有趣。在赛中学、赛中练、赛中提升的模式，对资源支持的要求较高，组织方需精确地投放相关资源，从项目启动到结束，学员需要有一个逐步提升的过程。提升的关键点与赛训结合的"训"息息相关，资源的投放绝对不是一股脑的、无趣的，是经过设计层层递进的，并且经过包装和设计的投放。

（3）营造氛围，调动积极性。以赛代训项目，从策划到实施，每一步都需要氛围的精心打造，从预热阶段到每个赛程的实施，自始至终要挖空心思调动学员及赛区的积极性，同时尽量把学员推到前台。用"赛训结合"的方式，替代单纯授课的培养模式，能让参赛选手以较强的意愿投入其中，并通过比赛获取对工作有益的知识和技能，获得美好的体验和感受。

2. 管理培养类

大部分企业的管理人员培训课程体系是以素质模型为基础构建的，根据素质模型的行为等级要求来对应课程。这种模式通常会忽略一个问题，即管理者不是在真空中开展工作，而是身处具体的工作场景担任具体的职务。因此，在管理培养类的课程设计中,最有效的方式是案例教学＋经典理论相结合的模式。

深入挖掘管理者具体的工作痛点，还原真实场景，进行案例的开发。案例开发的过程中建议邀请有经验的管理者参与，进行案例开发迭代，对案例的实时评估调试、逐步瞄准靶心的方式，使得案例开发更加精准。教学实施过程中讲师进行案例的引导、明暗线的把控及经典理论的讲解，教学现场还原真实场景带领学员进入案例角色开展积极的研讨，经典理论的互动可以引发学员对于自我认知及管理的反思。同时在后续学习设计上，借助互联网线上学习的力量陪伴管理者再走一程，在线持续学习和交流。

3. 业务（绩效）突破类

销售人员的工作业绩直接决定了企业的目标，策略和计划的达成也决定了企业的收入和利润。如何使销售部门成为一支具有良好的工作态度、坚实的业务知识和熟练的销售/营销/管理技能的铁军，是学习设计的目标。让业务部门的管理层参与到培训各个环节中非常重要，而在营销人员队伍中绩优人员的培养是其中重要的一环，绩优业务人员的平均绩效是其他人员的几倍甚至几十倍、几百倍，同时快速复制和传承绩优人员的成功关键要素（知识、技能、态度和习惯），可以大幅度提高组织的绩效表现，因此在业务突破类培训中开发团队要在现有的业务流程和业务人员中发现、提升、分享、复制关键成功要素是非常重要的。发现即第一时间发现专家级员工（绩优业务人员），提升即提炼专家级员工的关键技能（习惯、态度、知识）；分享即宣导、培训，每次分享会让组织中5%的员工掌握专家级员工成功的关键要素；复制即通过多次分享达到在组织中根植，使组织具备专业化的广度。在整个学习设计过程中，业务案例（绩优人员的关键技能）的萃取尤为重要，业务案例一定是选题"窄而深"而非"宽而浅"，"窄而深"的案例有助于促进普通绩效业务人员知（知道）、信（相信）、达（做到），从而直指业务绩效提升。

作为一个培训产品设计者，如果把工作仅局限于课程开发，就犹如把培训仅仅理解为面授一样，将限制自身的价值。事实上，培训项目的内容活动设计、整合企业内部的最佳实践、线上线下相结合的培训手段等都是有效培训更快、更便宜、更好的展现。产品经理不是一个职位名称，而是一种工作方式，乃至生活方式，正如《人人都是产品经理》中所说：虽然不是每个人都能以产品经理为业，但在我看来，产品经理是一类人，他们的做事思路与方法可以解决很多实际的生活问题。只要你能够发现问题并描述清楚，转化为一个需求，进而转化为一个任务，争取到支持，发动起一批人。将这个任务完成，并持续不断以主人翁的心态去跟踪、维护这个产物，那么你就是产品经理。至少，你已经是自己的产品经理！

▶ 第八堂课　学习项目的设计常识

培训和学习就像吃饭，不是太久的以前，很多人就像《平凡的世界》中孙少安的父亲那样"只要能吃上白面馍馍就是好日子"，所以只要能有培训，大家都会觉得那是"极好的"。但世界变化太快，白面馍馍是不够的，还需要有菜而且要色香味俱全，所以培训服务模式随着组织和客户的需求在快速升级和更新换代。如果说设计一门课程是做一盘菜，那么设计一个学习项目就是做一桌菜，做一桌菜不仅要考虑每个菜的色香味美，更要考虑的是整体的主题，不同的宴席比如喜宴、寿宴、乔迁、升学等主题不一样，菜系风格也有较大区别，同时还要考虑荤素搭配、食客口味偏好、数量、食材等因素。

记得刚刚参加工作的时候，请客人吃饭不会点菜，就把饭店里的推荐或自己觉得好吃的大菜都点一遍，挨了批评还不理解"都把最好吃的都点了，还不满意啊"。做学习项目设计何尝不是如此呢？很多刚刚踏入此行的人，也会有很多同样的困惑，把当下最流行的课程或者自己听了觉得非常好的课程，放到企业的学习项目中，拼了一桌很丰盛的菜，食客们却并不买账。如何设计一个好的学习项目，国内外的研究成果、理论模型已有不少，但很多都是让初学者望而却步的经典菜谱大全，作为一个从带培训班到学习项目设计运营的过来人，我想从实践的角度交流学习项目设计的常识以及应用体会，不是谈设计满汉全席，而是分享入门的路子。

1. 三个方面的常识

就像搭配一桌好菜，你需要了解宴会主题、客人口味偏好、当下的食材等常识一样，设计一个学习项目，通常需要了解三个方面的常识：企业学习和成人学习的规律，项目管理的基础，以人为本的设计思维（见图24）。

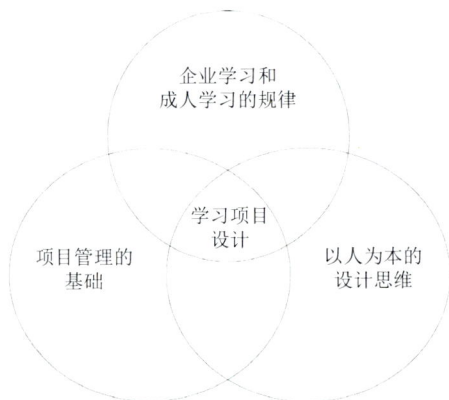

图 24　企业学习和成人学习的规律

（1）关于企业学习和成人学习的规律。企业是商业组织，企业学习的特点是学习要有利于绩效的提升，要么是当前的绩效、要么是未来的绩效（基于未来战略），这个就是企业学习的常识。曾经有人给出过一个简单的公式，培训=期望绩效–绩效现状，如果期望绩效是提升当前绩效的，很多时候我们会说就是基于绩效改进的培训，如果期望绩效是未来绩效的要求，与未来战略实现有关，我们就会说是基于战略的培训。

成人学习的规律是所有的 TTT 都会介绍的基础知识。在美国被誉为"培训师的培训师"伊莱恩·碧柯在其著作《成功培训 10 步骤》中提到成人学习原理的六个方面。

① 目的性强：为什么我需要知道这些？

② 自我概念：我可以自己做一些决定吗？

③ 经验主义：不可能是空杯，我的经验会得到认可吗？

④ 实用主义：这会让我的生活变得更简单吗？

⑤ 反思批判：我想要或者需要学这些吗？

⑥ 动力意愿：我对此是否持开放、积极的态度？

（2）关于项目管理的基础。什么是项目？美国项目管理协会的PMBOK有明确的定义："为创造独特的产品、服务或成果而进行的临时性工作。"项目管理就是将知识、技能、工具应用于项目活动，使项目能够在有限的资源限定条件下，实现或超过设定的需求和期望。在第六版的PMBOK中，项目管理有五大过程组和十大知识领域，这些都是项目管理的基础和常识，而这其中我最有体会的是干系人管理和范围管理。对于学习项目而言，干系人管理最重要的体现是：有没有明确的业务领导作为学习项目的赞助人（发起人），如何调动赞助人在内的各类干系人参与项目的积极性，因为要避免学习项目成为培训部门自娱自乐的事情。第二个常识就是要提前界定清楚学习项目的范围，最终要输出什么成果，过程中要做哪些事情，因为要避免学习项目范围蔓延、夸大效果、承担过多不切实际的期待。

（3）关于以人为本的设计思维。设计一词很容易让人联想到服装设计、室内设计、园林设计等，然而设计的范畴实则非常广泛。世界顶级创意公司IDEO总裁蒂姆·布朗在《设计改变一切》书中指出"设计思维不仅是以人为中心，还是一种全面的、以人为目的、以人为根本的思维"。

以人为本的设计是从用户的根本需求出发，并且在整个设计过程中对用户的需求、环境条件和限制因素给予充分考虑，以创造出更优化的状态。斯坦福设计学院将设计思维梳理为五个环节。

（1）观察理解：通过观察、深入用户调研、体验用户所体验的来达成同理移情的过程。

（2）做出定义：阐明需要解决的问题、与计划采取的行动，以及计划背后所承载的价值观。

（3）寻找解决方案，展开"多多益善"的头脑风暴，尽可能地链接资源，打开脑洞，并最终提炼一个具体而可行的方案。

（4）做出产品原型，并在做原型的过程中发现问题，找到可能出现的新问题或瓶颈。

（5）测试产品原型，并快速试错，迭代调整。

对于学习项目设计而言，需要从客户（包括发起人和学员）的根本需求出发，应用创新的方式去解决实际的业务难题和能力差距。

2．三种常识在一个项目中的应用

熟悉上述三个方面的常识，就能使我们对学习项目设计做到心中有数，也能很好地去理解市面上流行的关于学习项目设计的理论和模型，并且整合起来为我们的实践所用。

多年前，正是这些常识指导我从一个培训班课表排列者逐步转变为学习项目设计者，其中在电信学院工作期间的甘肃强县计划学习项目，是我将这些常识完整落地应用的起点。有一天，甘肃公司人力资源部的赵老师给我打电话："李老师，你好！请问能帮我们做县分公司经理培训吗？""对不起，我们人手不够，暂时还不承接某一个省的县分公司经理培训任务。""那能提供一些县分公司绩效管理的课程和老师的介绍吗？""这个没问题，我把课程资料和目前公司内部讲得最好的内训师发给你。"如果仅止于此的话，培训设计最多也就算做了一个白面馍馍。过了不久，来自甘肃的电话又响了："我们甘肃公司正在实施强县计划，省公司非常重视县分公司经理的培训，一把手亲自抓。""强县计划是怎么一回事？总经理对县分公司的业务发展提出了什么样的目标？经营现状如何？""……"随着了解的深入，我发现要做好甘肃公司县区经理的培训，仅仅拼几门现成的面授课程是不够的，强县计划不是简单的一场运动，而是一次深刻的组织变革，必须设计一个完整的学习项目与之匹配。

正如常识一所揭示的，首先必须去了解和澄清甘肃公司的战略目标和发展现状；而在进一步深入地做培训需求调研之前，正如常识二中提及的关键点，必须要找强县计划学习项目的发起人，如果仅仅是培训经理乃至人力资源部都还不够，一定是业务领导者，通过沟通确认省公司总经理本人就是这个项目的发起人，并承诺了自己的投入度。有了前提保障，我设计了"探寻需求—共商方案—执行与评估"项目建议书，并随即和同事们投入组织需求调研中。一方面，通过人力资源部了解以强县计划为标志的一系列组织变革创新情况，使项目背景更加清晰。另一方面，着重对省公司总经理进行访谈，了解省公司总经理本人对县区分公司业务发展的要求，对项目的目标进行了澄清，并获得了下一步访谈的建议名单。随后，对省公司重要业务部门负责人和地市分公司总经理进行访谈，了解他们对于业务发展目标的看法，获取影响目标的关键要素。最后，选取了部分学员对象进行访谈，了解一部分绩效优异者的成功经验，通过 BEI 访谈萃取行为要素，同时也了解了一部分绩效靠后者目前面临的主要困难和挑战，寻求领导者行为要素差距。在需求调研阶段，正如常识三所揭示的规律"设计源于对人的洞察"，除了一般现场访谈外，我们还深入工作现场，随同部分领导者开工作会议，拜访关键客户，观察理解，形成洞察。

在调研结束后不久，大家通过头脑碰撞形成了初步的诊断和建议方案，由电信学院领导层与甘肃公司领导层面对面交流调研，尤其是能力之外关于组织文化的调研发现，并在此基础上再次澄清了项目目标。甘肃公司接受了自上而下进行能力提升的建议，并商定了县分公司经理队伍作为关键人群开展三阶段的能力加速训练营，过程中开展社区学习、行动学习。整个项目遵循常识二中关于项目管理相关原则，进行工作任务的分解，设置里程碑。具体进程如图 25 所示。

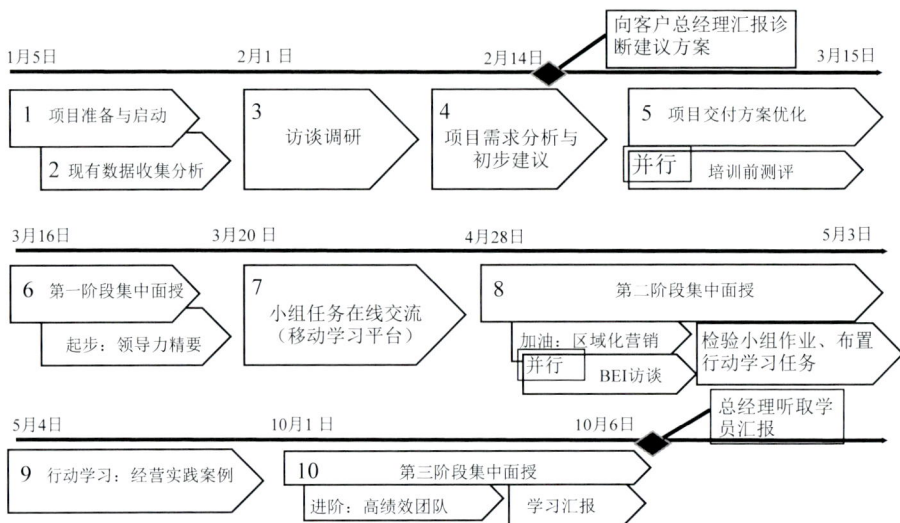

图 25　项目管理相关原则应用

在项目设计开发过程中，深刻理解甘肃公司开展强县计划组织变革的背景，遵循变革管理的规律，同时遵循关于企业学习和成人学习的规律，从知识提升入手，通过能力加速、行动学习、成果复制推广等阶段，匹配组织发展变革和个人能力提升的需要。据此设计出整体解决方案和能力加速训练营的路线图（见图26）。

正如互联网上流传的一句话"输在格局、赢在细节"，在有了解决方案和能力加速路线图这样的项目架构以后，要达到效果，关键就在于项目交付执行的细节。正如常识三中所提及的，需要根据需求的变化，快速做出原型、迭代前进。因此在项目交付准备和实施过程中，在保证整体主线和主题清晰的情况下，穿插安排关于领导力测评、工作情商、思维创新等工具方法内容和小组讨论、群策群力、参观游学、经验交流、与省公司领导共进晚餐等多种活动，提升所有人员的参与度和投入度。同时把每一阶段集中学习课后作业与公司业务发展结合，促使所有人带着任务学习，培训后学以致用，从业务中来，到业务中去，提高学习效果转化速度，加速人员成长。

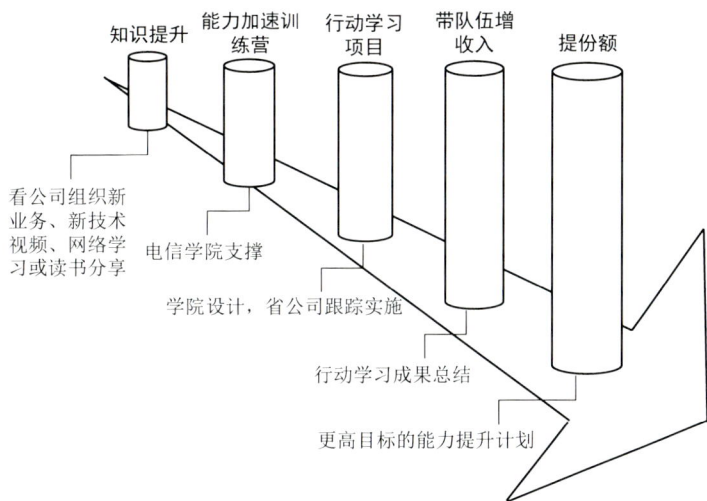

图 26　应用举例

　　热爱，一切都在意料之中。甘肃强县计划学习项目在当年无论从反应层、学习层还是行为层都取得了良好的效果，甚至在经营收入增长率从 4% 到 15% 的过程中，省公司认为该项目也起到了有力的促进作用。但我始终认为，一切的成功源于客户自身的投入，学习项目设计与运营起到的只是催化剂的作用。特别喜欢一句广告词："我们不生产水，我们只是大自然的搬运工。"做培训亦如此！

　　罗振宇在今年年初跨年演讲时提到时间战场的概念，"时间会成为商业的终极战场。未来有两种生意的价值变得越来越大，一是帮助用户省时间，二是帮助用户把时间浪费在美好的事情上"。对于企业和学员来讲，学习项目也是一种支付时间的消费品，而且很多时候还不是碎片时间的支付，是整块时间。不是你的课程不够好，也不是你的价格不够低，而是如果你没有足够好的设计，没有对准我的需求和胃口，浪费了我的大块时间，我会很生气。虽然世界变化很快，但只要敬畏常识、遵循常识，我们便能拨开迷雾、认清本相，找到成功的入口。做学习项目设计如此，做人亦如此！

第九堂课　人才测评工具通识

当年姜茶姐的"菜鸟课堂"还历历在目，如今这课堂竟已落在纸面惠及更多人，非常感慨也非常有幸能够参与其中一个章节的撰写。为了方便我们企业人力资源从业者了解和运用，在这一节，我会总结那些年交过的"学费"，结合在企业中的应用场景，谈一下测评工具这回事。

关于测评，因专业的缘故一直有接触，但是真正在企业里从无到有搭建测评中心、从零开始摸索实践测评的落地应用却是始自八年前。在企业大学开始进行标准建模和人才测评，在干部选拔、梯队建设、学习与发展领域都有所应用，既有个人测评，也有组织诊断测评。这一路跌过不少坑，也攒了不少经验值。经常有企业的人力资源同行在各种场合听完关于测评的分享介绍后，询问有关"如何选择测评工具"、"如何搭建测评中心"、"如何用测评提升学习与发展部门的话语权"、"企业大学做测评如何与人力资源部门处理好关系"等问题。

通常我会先问对方"为什么要做测评"，这个目的决定选择的路径，企业开展测评通常或用于人才选拔，或用于学习与发展，目的不同，所选用的方法和工具也有所区别。为了帮助大家更好地了解测评在企业中的应用，我从一个企业人力资源从业者的角度，将从事测评工作期间博采众长、内化落地的经验，在此抛砖引玉，主要围绕以下几方面来谈，希望对从事该项工作的同行有所助益。

（1）明确测评标准。

（2）运用测评开展人才选拔。

（3）在学习与发展中应用测评。

首先来说第一个问题，关于测评标准的明确。就如射箭要立靶，在测评之前首先要梳理清楚"标准"这个问题。尤其人才选拔，标准需要多维度，才能更为全面评价一个人，而不是以偏概全。我们可以看看DDI评鉴中心的测评标准（见图27和图28），高管是看知识、经验、行为、个性特征四个方面，中层及以下人员主要看知识、行为、动力三个方面。大家可能看到上述标准只提了行为，没有提及能力，其实这里的行为就是能力的具体展现。

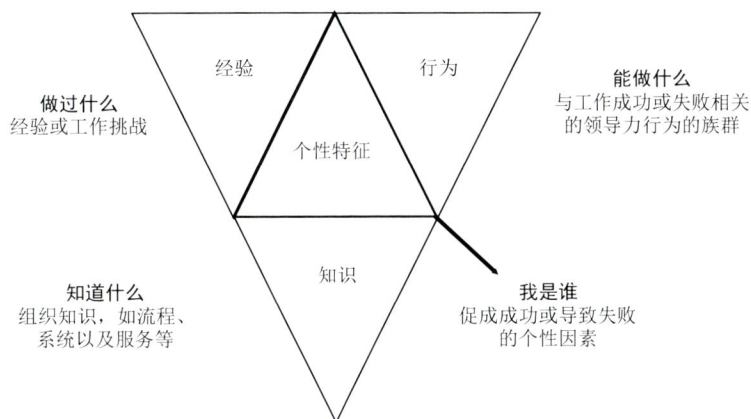

经验　行为

做过什么
经验或工作挑战

能做什么
与工作成功或失败相关
的领导力行为的族群

个性特征

知道什么
组织知识，如流程、
系统以及服务等

知识

我是谁
促成成功或导致失败
的个性因素

图 27　高管测评标准（来源 DDI 评鉴标准）

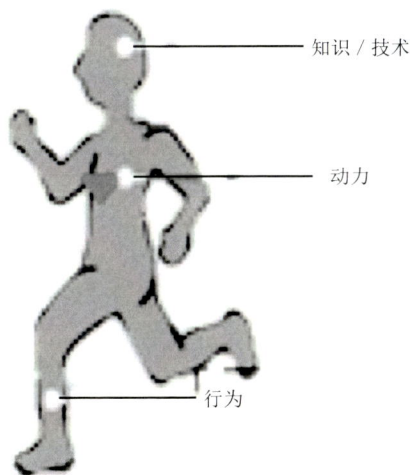

知识 / 技术

动力

行为

图 28　中层测评标准（来源 DDI 评鉴标准）

　　高管层面，之所以关注个性，是因为个性因素很难改变，且高管没有直属上级及时纠偏，需要在筛选时就考虑到这一因素，同时为了降低组织的风险，在人事任命时可以采取必要措施来化解不利之处，例如搭配副手、缩小管辖范围等。

中层及以下层面关注动力，这是组织与人的匹配程度，是影响候选人工作满意度的重要因素，通常面试时也会考察这一因素。

明确了选拔标准，接下来就是考虑采用什么测评方法。这就进入第二个问题，如何应用测评技术进行人才选拔。

针对不同标准，采用的方法和工具有所区分。工作绩效在企业中有历年业绩考核结果，通常作为门槛条件进行筛选。工作经历是指历练，是组织所需要的关键经验，如是否有扭亏为盈的经验、是否有重大创新项目经验等，而非是简历中的起止时间和工作单位，通过关键经验问卷可以考察。专业和组织知识通过闭卷笔试进行考察，根据企业需要设计试卷结构、组织出题、组卷和阅卷工作。动力或个性通过测评工具兼面谈可以考察，工具的选择有很多类，市面上常用的有美国的霍根（Hogan）测评。行为通过结构化行为面试或者评鉴中心（AC）进行观察评鉴（见图29）。

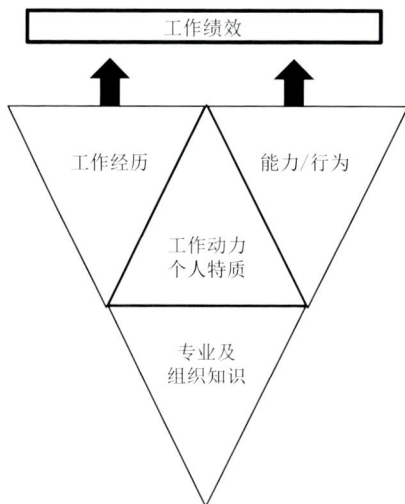

图29　测评标准的多维度及测评方法的多手段

选择测评工具要看一个关键指标，即效度。这个词来自心理学，心理测量学通过信度、效度来衡量不同测评方法的可靠性、有效性。在企业应用中，看的比较多的通常是效度，也就是有效性，即这个工具所测的这个人有多大程度能够反映他的真实水平。效度的衡量从 0 到 1，实际应用中很少有效度达到 1 的工具。经检验，效度最高的工具是 AC，效度在 0.7 左右。合适的个性测评配合有针对性的结构化行为面试也能够达到这个水平，非结构化的面试效度在 0.2 左右，选中合适人的比率基本靠运气。

在选择个性测评工具的时候，我通常会关注研发这个工具的公司是否每年做常模研究，不断校验效度，还会看工具本身是否有防伪机制。

有的企业会使用潜力测评工具，通常用于高潜人才的选拔。潜力是指一个人快速适应新环境、学习新东西并应用于新岗位的能力。研究表明，潜力是很难培养和发展的。高潜力的人才可以作为总经理的人才储备。潜力不等于绩效，潜力高的人通常绩效也不错，但高绩效的人并非都是高潜力的人。潜力低的人不代表没有发展前途，可以在其擅长的领域纵深发展，成为专家或者专业条线管理者。

明确测评标准及对应的测评方法或工具之后，就可以设计测评流程。一般来说，人才选拔采用漏斗式的流程有助于控制成本。成本低的方法，如笔试，作为门槛环节汰劣，成本高的方法，如评鉴中心（Assessment Center，AC）作为后面环节择优，最终胜出的候选人，按照目标岗位数的一定比例（通常是 1∶3），提交人才决策委员会讨论，在国有企业通常是党组（委）会（见图 30）。

在企业内部，尤其国有企业，开展人才选拔，流程比工具重要，流程的公平、公开、公正是最关键的。作为企业的人力资源从业者，除了关注测评技术本身，更多需要结合企业的发展阶段、文化特点、人员队伍现状、对测评的接受程度等因素，汲取传统程序科学合理的精华，将本土企业传统的选拔程序与西方的测评手段有机结合，将工具技术与面试官的阅历经验有机结合，将人才测评与人才管理的选用育留的流程相配套，才能最大限度发挥测评作用，使测评在本企业的土壤生根落地。

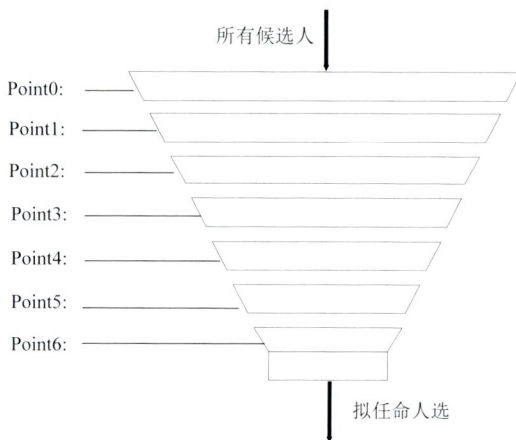

所有候选人

Point0:
Point1:
Point2:
Point3:
Point4:
Point5:
Point6:

拟任命人选

图 30　漏斗式选拔流程

最后来说说第三个问题，在学习与发展领域如何应用测评。在这个领域，测评的用途也非常广泛，可以为个体提供反馈辅导，为团队开展团队建设，为组织进行诊断提升。工具的选择也是多样化的，如 MBTI、PDP、DISC、4D 等工具都可以应用。大家可以发现上述这些工具有个共同特点，就是把人分成几大类，相比 Hogan 说，这种工具因为分类简单，易懂易记又易于传播，应用在自我认知、团队建设、冲突管理、辅导、领导力发展等领域，可以使个体加强自我觉察、发挥优势、弥补短板；使团队成员欣赏彼此差异，构建团队优势。而且这种工具引入学习与发展项目，通常现场的培训效果都比较好，氛围热烈而欢快，很适合作为项目伊始的热场和导入。还有一些领导风格类的工具，如情境领导，是在测评基础上，配合领导力课程，重在觉察后的改变和提升。

Hogan 不是分类工具，而是基于大五的理论基础，分析个体的价值观、个性和职业风险因素，对每个人的刻画都不一样，适用范围也比较广泛。除了遴选之外，也可以用于上述提及的发展领域。

关于组织的诊断工具，如组织氛围、工作文化、盖洛普等都属于这一类，一般是非记名的，用来诊断某个组织的整体状况，反映组织的优势和不足，以便进行管理改进，提升组织能力。

最后，我想说说关于测评数据的使用。企业内部坚持做测评可以积累大量的数据，这些数据是企业的财富，通过对数据的汇总、分析，不仅能够诊断出企业和人员队伍的现状，而且能够深挖企业的 DNA，看其是否匹配所设定的战略方向，从而预测未来发展的前景。例如，企业要转型，数据可以真实反映现有人员队伍的 DNA 是否支持，如果不支持怎么办。为接下来的人才策略找到了方向！

关于这个领域的应用，我的感受是实践出真知，是科学与艺术的结合，只有在具体的实践和不断的应用中，我们才会找到技术本身与企业场景最契合的平衡点。

▶ 第十堂课　领导力发展与组织发展

组织发展与领导力，都是市面上比较流行的概念，大家会觉得那是一帮 HR 大佬们的游戏，神神秘秘，高大上。培训领域的小鲜肉、老腊肉，内心深处都有一朵小火苗，期待一探究竟，期待有朝一日也能进入圈子，一方面满足自我学习、自我挑战的心愿，另一方面期待自己能为组织创造更多价值。作为从培训发展，到人才发展，进而一点一点延伸到组织发展的过来人，我想借此机会和大家一起探讨、切磋一下该领域的一些大家比较关注的话题——组织发展与领导力做什么，对从业者有什么要求，如何成长为组织发展与领导力从业者，也就是是什么，需要什么能力，我们该如何去，以下看法仅代表作者的个人经验。

1. 组织发展与领导力做什么

在瞬息万变的商业环境里，公司现在在哪里，应该朝哪个方向走，怎么一步一步实现，过程中可能会有哪些挑战，这些问题的深入思考、澄清，是组织发展与领导力工作的起点。

从战略层来看，组织发展是 HR 领域非常重要的价值产出。从大的方面看，HR 从整个组织、机制、人才、文化四个方面去塑造组织核心竞争力，也就是组织能力，从而驱动组织战略目标达成。大的组织发展涉及顶层设计的 HR 的整体工作，价值点在于让公司不断适应外部环境的变化，可持续地健康发展，让个人、团队、组织的潜能得到最大释放。很多公司这个持续推动组织变革的角色由 HRVP 来承担。在企业发展的不同阶段，如初创期、成长期、成熟期、衰退期、二次创业期，会面临不同的战略、业务挑战，大的组织发展要能根据实际情况提前预判组织内部哪些能力需要改变，哪些能力需要维持，哪些能力需要提前打造，通过一系列有假设、有目的、有预期的大大小小的系统性变革举措，让组织敏捷地、健康地经历每个阶段，越来越强大，甚至立于不败之地。

从战术层来看，大的组织发展需要从事林林总总的具体工作，在组织层面，也就是小的组织发展层面，参与市场洞察，参与战略制定，参与业务价值链的分析，主导战略解码，主导组织管控模式梳理与权限设置，主导组织架构设计，主导部门职责，主导组织绩效，主导定岗定编，不断观测、推动组织效率提升；在人才层面，主导整个人才供应链的打造，建立人才吸引、甄选、招募、融合、盘点、使用、培养与发展、激励、保留、淘汰全流程；在机制层面，主导人才标准持续更新机制、人才评鉴与盘点机制、考核与激励机制、培养与发展机制、选拔与任用机制等，通过机制释放组织活力，激发人才动力；在文化层面，主导核心价值观的澄清与渗透落地、行为规范的落地，视觉识别系统建设，员工活动、文化氛围与场域的监控与管理。

从落地层来看，组织发展需要掌握的技术与方法论从大的方面来说有几点：战略制定、价值链分析、战略地图、组织设计、组织诊断、组织变革、人才标准制定（如领导力模型与任职资格）、发展通道设计、人才评鉴体系搭建、人才盘点、人才发展体系搭建、机制设计、核心价值观的澄清与落地、文化诊断、文化变革等。这些领域"落地方法论"的掌握，将会对组织发展项目的落地与价值的体现发挥非常重要的作用，如虎添翼。

需要说明的是，组织发展工作需要从战略层着眼，从战术层着手。很多公司对于小的组织发展的角色定义略有不同，有的是组织与机制，有的是组织与人才，有的仅是内部人才发展，还有的仅仅是给培训发展换了个主题。无论是哪种，澄清组织发展的底层逻辑是非常有必要的，这样我们就会有一个清晰的框架，找到自己的位置与价值贡献点。

另外，领导力工作是组织发展工作的重要组成部分，两者是一枚硬币的两面。领导力是组织发展工作落地的重要抓手与驱动因素，组织发展工作是领导力展现的土壤与环境。领导力建设工作的逻辑，从大的方面，要借鉴组织发展工作的底层逻辑；从小的方面，也可借鉴人才工作的底层逻辑。

说到这里，相信年轻的从业者一定心潮澎湃，跃跃欲试了吧？价值的发挥、角色的定义，有的时候不能受制于公司授权体系的规定，胸中有丘壑，心中有情怀，理想总有一天会照亮现实。假如我们要往这个方向走，需要具备什么样的能力去支撑呢？有三点非常重要。

2. 组织发展与领导力从业者的三大素质修炼

在上述工作开展的过程中，有三项核心素质能力非常重要，我们这里借鉴了行为化能力素质模型的方式来进行诠释，具体来讲有以下几个方面。

（1）老板视角。

① 不断加深对公司总体业务流程、职能定位、相互关系和界面的了解；

② 注重公司的可持续发展，不断以做强、做长为出发点来思考问题；

③ 从本职能角度不断评估公司的运作现状以发现影响总体运作效率的短板；

④ 通过重整流程、引进新方法等来提高企业运营效率；

⑤ 充分意识到本职能对于公司长期竞争力的价值，制定具有前瞻性的工作目标；

⑥ 协调公司运作过程中部门／职能之间出现的矛盾；

⑦ 对"目的"、"效率"、"风险"保持高度敏感。

（2）组织敏感度。

① 承认、尊重、关心组织内不同个人或不同部分的不同需求；

② 促进个人与组织、局部与组织整体方向、目标的一致；

③ 敏感对待虽小但发出错误信息的事件和行为；

④ 不断对组织现状进行评估，感知士气的变化并分析其成因；

⑤ 通过人的实际行为而非口头表达去判断他人的实际态度；

⑥ 注重维护、提高直接上级的责任感和权威性；

⑦ 有意识地创造差异并利用差异所带来的势能提升标准；

⑧ 意识到组织问题都是综合征而不轻易用单一原因来解释问题。

（3）咨询能力。

① 从他人的成功决策中得到满足感的能力；

② 不断提高专业知识技能的深度及广度；

③ 通过各种方式传递希望提供帮助、增加价值的诚意；

④ 通过分析每种选择的利弊帮助他人决策而非替他人决策；

⑤ 帮助对方总结影响决策的关键因素；

⑥ 首先诊断、界定问题，然后再提供解决方案；

⑦ 激发对方采取行动积极推进方案的实施和操作；

⑧ 用通俗易懂的理论、框架来总结自己对事物规律的认知；

⑨ 能够选用适合对方的语言方式让别人理解解决方案。

以上三个软性能力是从优秀的 HRD 和 HRVP 那里提炼出来的，对于一个组织发展与领导力的从业者非常重要，可供参考。那么，具体我们如何成长为这样的角色呢？有哪些路径可以参考和借鉴呢？

3．如何成长为组织发展与领导力从业者

相信一提到这一点，我们的脑海中会马上闪现出 70—20—10 原则。可是我们可操作可实施的路径应该是什么样子呢？关于这一点，作者先不谈太多理论，只是从作者个人的发展旅程来给大家一个实际参考的案例，期待有所启发。

在培训管理时期，本人第一阶段的工作主要围绕培训项目展开，从事需求调研、策划、组织、实施和评估，走 ADDIE 的流程，操作各式各样的培训项目，有为期一两天的，也有为期 2 ~ 3 个月的，这个时候更多的是关注项目质量，整合内外部的课程和讲师资源，如何做一盘好菜。第二阶段进入一家集团公司，负责整个培训模块，需要思考整个培训体系建设，从领导力、核心业务、通用管理与企业文化三个维度，构建了课程体系、师资体系，轰轰烈烈地开展了两年的培训项目，着力从各个撬动点上去推动学习型组织的文化。面儿有了，亮点也有了，这个时候开始有了成长的焦虑，我是继续在这个点上做深做透，还是换一个角度？

这个时候，突然有了一个机会，到一家民营企业从事人才发展，着力打造内部人才供应链。这个时候，有了一个洞察——培训发展是公司人才发展的一个环节！顺藤摸瓜，瞻前顾后，拎了一个链条出来，人才发展包括人才标准、人才盘点、人才发展、人才任用四大体系，是一个源源不断从内部培养人才的价值链。要做好人才发展，往前需要更加深刻地了解公司组织管控模式、组织能力打造的方向，明确哪些是承接战略与业务的关键岗位，一方面梳理公司通用及领导力能力标准，另一方面梳理关键业务岗位的任职资格条件。之后，设计人才盘点的体系、流程、方法论与工具，推动公司人才盘点计划的实施，召开战略人才会议，提供人才评鉴档案，就关键岗位人才的任用、继任者的确认、发展与培养推动高层做出决策。再接着，针对关键岗位的关键人才及继任者，制定个性及群体性的发展计划，涉及轮岗、挑战性任务、带教、辅导、行动学习、课程学习等混合培养方式，通过一段时期的密集跟进，确保发展计划有质量、按进度落地，最终在岗位空缺的时候，给出人才任用建议。这是一个闭环。做

人才发展的时候，经常与高潜力选手一起，感受到他们不断挑战、不断学习的劲头，在成就他人的过程中也能感受到自己工作的意义，整天沉浸在幸福感中。

当人才发展的流程运转到第三轮的时候，组织发展的某些环节悄悄显露出来。人才发展工作的起点是什么呢？经过一段时间的思索与交流，渐渐理清楚了，是战略、业务价值链以及组织设计。机会总会垂青有准备的人，阴差阳错中，本人有机会从一个关键岗位的人才发展项目需求厘定的过程中，感受到了组织设计的视角与威力。随后一发不可收拾，在做咨询项目的时候，可以游刃有余地切入市场洞察、战略制定、战略解码、业务价值链的分析、组织管控模式梳理、组织诊断与组织设计、定岗定编、任职资格的项目中，还可以从组织的视角切入一些机制的顶层设计项目中，如人才盘点机制、考核机制、激励机制、选拔与任用机制等，通过机制释放组织活力，激发人才动力。这个角度的事情更加刺激，更加有意义。

以上为本人成长经历，相信在经历这个阶段后，还可能探索其他新的领域。有一点体会想分享给年轻的从业者：无论起点在哪里，在现有领域边实践、边探索，要有了解全貌的好奇心，在有新机会之前，提前做好知识与能力储备。

无限风景在险峰，不断挑战未知！与大家共勉。

参考文献

[1] [美] 贾斯汀·阿尼森，威廉·J. 罗思韦尔，詹妮弗·诺顿 . ASTD 能力素质模型 : 构建学习发展项目的基础 [M]. 李媛译 . 北京 : 电子工业出版社，2014

[2] https://mp.weixin.qq.com/s?__biz=MzA4ODM1NzUwNg==&mid=264968264 8&idx=1&sn=a66b84b4242249e42741e9d525cb6b16&chksm=88313d35bf46b 42313951447f51823d7832494949d482d7813a176427ce9646574a401263953& mpshare=1&scene=1&srcid=0526bDZCzqHMGgbVhXO0VonT&key=159715 fcdc6d96a229f1d1710aafa25253c63f163934a09ac51f157dfca926c07b8c5e248 ae9d1838231338e90999438706666f7954924d6eabce354dae64531d5bc530dc4 f47534e187246a3e47c558&ascene=0&uin=MjY5ODgwNjc1&devicetype=iM ac+MacBookAir7%2C2+OSX+OSX+10.11.6+build(15G1217)&version=1202 0810&nettype=WIFI&fontScale=100&pass_ticket=qik08WcT24YsAiCsE56O hMElYIlqm3RR%2F41BTJuojTrKpYgXaxXWvZwqBq0xro8k

[3] http://www.managershare.com/post/204299

[4] http://www.sohu.com/a/116186806_499002

[5] http://www.360doc.com/content/16/0420/19/29600069_552383738.shtml

[6] https://mp.weixin.qq.com/s?__biz=MzI3NDA4MzYwMg==&mid=265007777 7&idx=5&sn=f09969ec1b7cd9e260703cafb1ce7c16&chksm=f319202cc46ea9 3ad9d7a66afa7ad56b54d33b685c0f12355bca238e1ba5d097a8a7b2308788&m

pshare=1&scene=1&srcid=0525gF2W0XMHYN2twpHQRVv4&key=159715f

cdc6d96a27e31c73b9ac5184e13d0b827ba2e10e790687f80743bfe7e2eeffc966

ecf7b172d0938299de68fb55fe939829383916b09c39d3e08369b88add306e7ba

837426cee2f8f631669a79&ascene=0&uin=MjY5ODgwNjc1&devicetype=iMa

c+MacBookAir7%2C2+OSX+OSX+10.11.6+build(15G1217)&version=12020

810&nettype=WIFI&fontScale=100&pass_ticket=qik08WcT24YsAiCsE56Oh

MElYIlqm3RR%2F41BTJuojTrKpYgXaxXWvZwqBq0xro8k

[7] http://bschool.hexun.com/2012-10-16/146824996.html

[8] https://wenku.baidu.com/view/369c7a84e87101f69f319558.html

[9] http://www.docin.com/p-1207952966.html

[10] http://www.sohu.com/a/70112650_396772

[11] 付伟，季承 . "社群学习"模式探索 ——以中国银联支付学院实践为例 [J].
中国人力资源开发，2014,24

[12] https://mp.weixin.qq.com/s?__biz=MjM5NDAyODUyMA==&mid=26540296
33&idx=4&sn=672f4a655954e05d40a241b0519d1a92&mpshare=1&scene=1
&srcid=0526873gEHdaN7zxfPsyMP3L&key=2ce10e49c20d86e91eccaf57f51
3be9cbadda76c08e844928dc82dbcf69f344745fd1eefb5524a464b2ff176848174
122b493234180197902ab66db4a919c9ba262ec8e6c46ac7c6a94bcaa51ad7d2b
0&ascene=0&uin=MjY5ODgwNjc1&devicetype=iMac+MacBookAir7%2C2+
OSX+OSX+10.11.6+build(15G1217)&version=12020810&nettype=WIFI&fon
tScale=100&pass_ticket=qik08WcT24YsAiCsE56OhMElYIlqm3RR%2F41BT
JuojTrKpYgXaxXWvZwqBq0xro8k

[13] https://mp.weixin.qq.com/s?__biz=MzIwMTM5OTk0Mw==&mid=207863070
&idx=2&sn=6e22b890e029029aff67ce90a3648780&mpshare=1&scene=1&src
id=0526Y2gOKrSpTXJ2QeVJ7Zxh&key=e4a4e74651de5963bec60b13c90642
e6b3c84f289de8fad6ee18c1d7f7b92b71f79f25ce97d4d0082dbde0876a16f6980

5325e6685377708a3d21143f2510da3ec4ce12fef86e4c2b2ddd34435c6cd06&ascene=0&uin=MjY5ODgwNjc1&devicetype=iMac+MacBookAir7%2C2+OSX+OSX+10.11.6+build(15G1217)&version=12020810&nettype=WIFI&fontScale=100&pass_ticket=qik08WcT24YsAiCsE56OhMElYIlqm3RR%2F41BTJuojTrKpYgXaxXWvZwqBq0xro8k

[14] https://mp.weixin.qq.com/s?__biz=MjM5NTE1NTc0MA==&mid=2652456268&idx=3&sn=8c98e0c2f0aaa72d54c3a55f057ff7cd&chksm=bd113f3f8a66b629295e35770ebbdc515c91e10820a1807b508e7f9054b034a1f4fa6325af64&mpshare=1&scene=1&srcid=09147SIlz0J1yqOdOZXKcRHZ&key=0c2bd589f85eb452fa44c4ed79d674a73da13cbd72d03d14c298e82b1428dc4025c43fb228253f821fc7f336305af88cf54834eb2f43b9da5ad24424ebe958e8082da56effb27e9bbeabf7c208a7d8a8&ascene=0&uin=MjY5ODgwNjc1&devicetype=iMac+MacBookAir7%2C2+OSX+OSX+10.11.6+build(15G1217)&version=12020810&nettype=WIFI&fontScale=100&pass_ticket=qik08WcT24YsAiCsE56OhMElYIlqm3RR%2F41BTJuojTrKpYgXaxXWvZwqBq0xro8k

[15] 李懋 . 培训革命——世界著名公司企业大学最佳实践 [M] . 北京：中国财富出版社，2008

[16] 田俊国 . 精品课程是怎样炼成的 [M] . 北京：电子工业出版社，2014

[17] http://www.hupan.com/hupan.web.webapp/pages/index.html

[18] http://www.sohu.com/a/9243609_107743

[19] http://www.jiemian.com/article/1048008.html

[20] http://news.163.com/17/0327/18/CGI9IJ35000187VE.html

[21] http://www.cyzone.cn/a/20160401/293248.html

[22] http://www.sohu.com/a/67852989_335299

[23] [美] 芭芭拉·明托 . 金字塔原理 [M]. 汪洱，高愉译 . 海口:南海出版公司，2013

[24] https://wenku.baidu.com/view/2b61ea3ab90d6c85ec3ac679.html

[25] [美]伊莱恩·碧柯.ATD 学习发展指南(第 2 版)[M].顾立民等译.北京：电子工业出版社，2016

[26] 刘伟师,[美]威林思.人才管理圣经[M].上海：上海远东出版社，2013

反侵权盗版声明

电子工业出版社依法对本作品享有专有出版权。任何未经权利人书面许可，复制、销售或通过信息网络传播本作品的行为；歪曲、篡改、剽窃本作品的行为，均违反《中华人民共和国著作权法》，其行为人应承担相应的民事责任和行政责任，构成犯罪的，将被依法追究刑事责任。

为了维护市场秩序，保护权利人的合法权益，我社将依法查处和打击侵权盗版的单位和个人。欢迎社会各界人士积极举报侵权盗版行为，本社将奖励举报有功人员，并保证举报人的信息不被泄露。

举报电话：（010）88254396；（010）88258888

传　　真：（010）88254397

E-mail：　dbqq@phei.com.cn

通信地址：北京市万寿路 173 信箱
　　　　　电子工业出版社总编办公室

邮　　编：100036